漢字・語句のガイド

光村図書版 完全準拠 国語

中学①年

文理

この本の特色

教科書に出てくる順で覚えられる！

◆教科書の構成に沿った内容なので、学校の授業に合わせて、漢字・語句の学習を進めることができます。

出てきた漢字が確実に覚えられる！

◆教科書に出てくる新出漢字・新出音訓・特別な読み方をする語（熟字訓）は、読み取り・書き取りの両方で、全て出題しています。

◆複数の読み方がある漢字も、中学校で習う読みを全て出題しているので、確実に漢字の知識をつけることができます。

◆注意したい漢字やまちがえやすい漢字は、漢字表の後のコラムで取り上げています。

重要な語句もしっかり覚えられる！

◆教科書に出てくる重要な語句を残さず押さえているので、語句の対策も万全です。

◆語句の意味が複数ある場合は、教科書で使われている意味を取り上げています。

この本の構成と使い方

漢字と語句の解説

新出漢字 漢字の音訓や部首、画数、筆順などを説明し、用例を挙げています。

新出音訓 □の部分が、新しく習う読み方です。

特別な読み方をする語 熟字訓を挙げています。

重要な語句 教科書に出てくる語句のうち、特に覚えておきたい語句について、その意味や用例が示してあります。

教科書に出てくる順！

❖〈　〉内は手書きの際に許容されている字形です。総画数と筆順はこの字形に合わせています。

❖「読み方」では、音読みは片仮名、訓読みは平仮名で示してあります。太い文字は送り仮名です。また、（　）内は中学校では学習しなくてもよい音訓です。

◆注意する語句の記号

類…類義語　対…対義語

関…関連語句　文…短文

基本ドリル

漢字の読み取りと、重要な語句の基本的な使い方について出題しています。

まずはしっかりと基礎を固めましょう。

確認ドリル

漢字の書き取りと、重要な語句のより高度な使い方について出題しています。

漢字・語句の知識を充実《じゅうじつ》させましょう。

解答編

解き終えたら巻末で答えを確かめましょう。

まなサポ

学びサポート

学習記録アプリ　ほかの教材でも使えます。

●毎日の学習時間をスマホで記録

●学習時間をグラフでかくにん

●学習に応じたごほうびを設定できる

上記のQRコードから，くわしいページにアクセスできます。　※QRコードは（株）デンソーウェーブの登録商標です。

もくじ

1 学びをひらく

シンシュン

教科書 22▼29 ページ

新出漢字

漢字	読み方	部首	画数	筆順	用例
P22 驚	キョウ おどろ**く** おどろ**かす**	馬 うま	22画	苟 敬 敬 驚 驚 驚	自然の**驚**異に目を見張る。 突然《とつぜん》の物音に**驚く**。 変身して皆《みな》を**驚かす**。
P22 僕	ボク	亻 にんべん	14画	亻 亻 亻 亻 僕 僕	国民の公**僕**として精をだす。 従**僕**に命令する。 君と**僕**とは友達だ。
P22 嫌	ケン ゲン きら**う** いや	女 おんなへん	13画	女 女 女 女 嫌 嫌	窃盗《せっとう》の**嫌**疑がかかる。 兄の機**嫌**がいい。 **嫌い**な野菜を残さず食べる。 置いていかれるのは**嫌**だ。
P22 丼	どんぶり どん	丶 てん	5画	一 二 井 井 丼	**丼**飯をかきこむ。 **丼**勘定《かんじょう》でやりくりする。 お昼に牛**丼**を食べる。
P22 靴	（カ） くつ	革 かわへん	13画	廾 廿 革 革 革 靴	製**靴**《せいか》業を営む。 汚《よご》れた**靴**下を履《は》きかえる。 底の高い**靴**を履く。

教科書 22▼40 ページ

漢字	読み方	部首	画数	筆順	用例
P22 違	イ ちが**う** ちが**える**	辶 しんにょう しんにゅう	13画	ノ 力 韋 韋 韋 違	校則**違**反の服装を改める。 **違う**色の服を着る。 ノートを取り**違える**。
P23 振	シン ふ**る** ふ**るう** ふ**れる**	扌 てへん	10画	扌 扌 扩 扩 折 振	先頭打者を三**振**させる。 後ろを**振り**返る。 料理に腕《うで》を**振るう**。 量りの針が左右に**振れる**。
P23 怒	ド いか**る** おこ**る**	心 こころ	9画	女 如 奴 奴 怒 怒	心ない物言いに激**怒**する。 **怒り**狂《くる》う民衆をなだめる。 姉が顔を赤くして**怒る**。
P23 殴	（オウ） なぐ**る**	殳 るまた ほこづくり	8画	一 又 区 区 殴 殴	はずみで**殴**打《おうだ》される。 悔《くや》しくて壁《かべ》を**殴る**。 **殴り**書きのメモを残す。
P24 悔	カイ く**いる** く**やむ** く**やしい**	忄 りっしんべん	9画	忄 忄 忙 悔 悔 悔	**悔**恨《こん》の情が湧《わ》く。 自分のあやまちを**悔いる**。 試合での失敗を**悔やむ**。 負けて**悔しい**思いをする。
P24 黙	モク だま**る**	黒 くろ	15画	日 甲 里 黙 黙 黙	家族の暗**黙**の了解《りょうかい》。 **黙**々と作業を進める。 注意されて**黙る**。
P24 離	リ はな**れる** はな**す**	隹 ふるとり	18画	文 卤 离 离 离 離	飛行機が**離**陸する。 友達とクラスが**離れる**。 家具を壁《かべ》から**離す**。

学習日 ／ ／

P25		
怖	忄 りっしんべん 8画	あまりの恐怖《きょう》に身がすくむ。
フ こわい	忄 忄 忄 忄 怖 怖	怖い夢を見て目が覚める。大きな犬を怖がる。

新出音訓

（□は新しく習う読み方）

漢字	読み方	用例
P26 謝	シャ あやまる	誠意をもって謝る。

特別な読み方をする語

26 笑顔【えがお】

部首に注意

井

▼部首は「丶（てん）」。「井」の部首は「二（に）」。似た字でも部首が異なるので注意する。

読みに注意

怒

▼「いか（る）」「おこ（る）」の二つの訓読みがある。送り仮名《がな》は、どちらも「る」。「怒りに触《ふ》れる」「怒り肩《がた》」「怒り心頭に発する（＝ひどく腹を立てる）」はいずれも、「いか（り）」と読む。

重要な語句

◆は教科書中にある「注意する語句」

22ページ

4 なおさら　物事の程度が高まる様子。それ以上。ますます。
文 雨が続いた後の晴天は、なおさらうれしい。

◆8 うっとうしい　（ここでは）じゃまでわずらわしい様子。
文 スリッパをはくのはうっとうしい。

23ページ

◆13 ……にちがいない　きっと……である。
文 彼は約束の時間に来るにちがいない。

◆15 切りだす　（ここでは）話や相談ごとなどを言いだす。
文 いつ話を切りだすべきか迷った。

◆15 しかめる　不快感などにより眉《まゆ》のあたりにしわを寄せる。
文 友達にからかわれて、顔をしかめる。

24ページ

2 思わず　無意識のうちに。
文 兄の姿を見て、思わず笑ってしまった。

11 相変わらず　今までと同じように。
文 私は相変わらず元気です。

◆15 口数　（ここでは）話す言葉の回数のこと。

◆17 気まずい　お互《たが》いの気持ちが打ち解けず、しっくりしない様子。
文 苦手な相手と二人きりで、気まずい空気になった。

25ページ

◆8 情けない　（ここでは）期待はずれで残念な状態である様子。
文 簡単にあきらめるなんて情けないことはするな。

26ページ

◆15 照れくさい　きまりが悪く、恥《は》ずかしさを感じる様子。
類 面映《おもは》ゆい・気恥ずかしい

27ページ

◆11 ……にもまして　……よりもいっそう。
文 彼女《かのじょ》は以前にもまして勉強に励《はげ》んでいる。

比較・分類

教科書 32▶33 ページ

新出漢字

漢字	較 (P32)	捉 (P32)	甘 (P32)	坊 (P32)	椅 (P33)	箋〈笺〉 (P33)
読み方	カク	ソク とらえる	カン あまい あまえる あまやかす	ボウ ボッ	イ	セン
部首	車 くるまへん	扌 てへん	甘 かん あまい	土 つちへん	木 きへん	⺮ たけかんむり
画数	13画	10画	5画	7画	12画	12画
筆順	亘 亘 車 軒 軟 較	扌 扣 扣 抈 押 捉	一 十 廿 廿 甘	一 十 圠 圹 坊 坊	木 杧 柼 椅 椅 椅	⺮ 竺 笺 笺 箋 箋
用例	価格を**比較**して買う。	実態を**捕**《ほ》**捉**する。 話の要点を**捉える**。 観客の心を**捉える**。	厳しい意見を**甘受**する。 **甘い**お菓子《かし》を食べる。 いつまでも親に**甘える**。 弟を**甘やかし**て育てた。	**甘えん坊**の小犬。 **赤ん坊**をあやす。 隣《となり》の家の**坊ちゃん**。	**椅子**に座《すわ》る。 机と**椅子**を新しくする。	書類に**付箋**をはる。 **便箋**と封筒《ふうとう》を用意する。 薬局に**処方箋**を出す。

新出漢字

漢字	索 (P33)	徴 (P33)
読み方	サク	チョウ
部首	糸 いと	彳 ぎょうにんべん
画数	10画	14画
筆順	十 士 圭 玄 索 索	彳 彳山 徉 徴 徴 徴
用例	辞書の**索引**を活用する。 インターネットで**検索**する。 海底を**探索**する。	病状回復の**徴候**が見える。 同窓会の会費を**徴収**する。 顔の**特徴**を捉えた似顔絵。

新出音訓

（□は新しく習う読み方）

漢字	似 (P33)	傷 (P33)
読み方	[ジ] にる	ショウ きず・[いたむ]・[いためる]
用例	問題の**類似点**を探す。	屋根が風雨で**傷む**。 **傷めた**ひじが治る。

使い分けに注意

傷

▼「いた（む）」という同じ訓読みの漢字の使い分けに注意する。「傷む」は主に物が対象であるのに対し、「痛む」は主に人の体や心が対象。

漢字1 漢字の組み立てと部首

教科書 38▶39 ページ

新出漢字

漢字	疲 (P39)
読み方	ヒ つかれる
部首	疒 やまいだれ
画数	10画
筆順	广 疒 疒 疖 疲
用例	心身ともに**疲労**する。 国の財力が**疲弊**《へい》する。 **疲れて**ものも言えない。

漢字	ページ	読み	部首	画数	筆順	用例
癖	P39	ヘキ / くせ	疒 やまいだれ	18画	疒 疒 疒 癖 癖 癖	悪癖を直す努力をする。お金に対して潔癖な人。母の口癖をまねる。
越	P39	エツ / こす / こえる	走 そうにょう	12画	土 走 走 赴 越 越	渡《わた》り鳥は日本で越冬する。母の身長を追い越す。山を越えると海に出た。
超	P39	チョウ / こえる / こす	走 そうにょう	12画	土 キ 走 起 超 超	制限時間を超過する。人口が二十万人を超える。規制値を超す数値。
扱	P39	あつかう	扌 てへん	6画	一 十 扌 扌 扱 扱	子供扱いされる。鉄鋼を扱う商社で働く。社長は機械の扱いがうまい。
劣	P39	レツ / おとる	力 ちから	6画	亅 小 小 少 劣 劣	劣悪な環境《かんきょう》を改善する。劣等感を克服《こくふく》する。今年も去年に劣らず暑い。
腎	P39	ジン	月 にくづき	13画	𠂆 臣 臣 臤 腎 腎	腎臓の検査を受ける。
訴	P39	ソ / うったえる	言 ごんべん	12画	言 言 訂 訢 訢 訴	裁判所に起訴する。告訴を取り下げる。生徒が腹痛を訴える。
頑	P39	ガン	頁 おおがい	13画	元 元 元 頑 頑 頑	頑強な精神をもつ。頑固な職人を説得する。頑丈《じょう》な橋を渡《わた》る。
襟	P39	(キン) / えり	衤 ころもへん	18画	衤 衤 衤 襟 襟 襟	胸襟《きょうきん》を開いて語り合う。シャツの襟元が汚《よご》れる。毛糸で襟巻きを編む。

漢字	ページ	読み	部首	画数	筆順	用例
袋	P39	(タイ) / ふくろ	衣 ころも	11画	亻 代 代 代 袋 袋	風袋《ふうたい》込みの重量。胃袋を満たすおいしい料理。手袋を編む。
汚	P39	オ / (けがす) / (けがれる) / (けがらわしい) / よごす / よごれる / きたない	氵 さんずい	6画	丶 冫 氵 汀 汚 汚	大気の汚染《せん》を防ぐ。名君の名を汚《けが》す行い。家の名誉《めいよ》が汚《けが》れる。耳にするのも汚《けが》らわしい話。服をソースで汚す。手が土で汚れる。汚い部屋を掃除《そうじ》する。
泰	P39	タイ	氺 したみず	10画	三 夫 夫 泰 泰 泰	泰然自若《じじゃく》とした人。天下泰平を願う。国家の安泰を祈《いの》る。
恭	P39	キョウ / (うやうやしい)	㣺 したごころ	10画	艹 共 共 恭 恭 恭	恭賀新年。君主に恭順の意を示す。恭《うやうや》しく頭を下げる。
悩	P39	ノウ / なやむ / なやます	忄 りっしんべん	10画	忄 忄 忄 悩 悩 悩	人知れず苦悩する。卒業後の進路に悩む。頭痛が私を悩ます。
懸	P39	ケン / (ケ) / かける / かかる	心 こころ	20画	目 県 県 縣 縣 懸	懸命にテスト勉強をする。強い懸念《けねん》を抱《いだ》く。命懸けで救出する。優勝が懸かった試合。
昇	P39	ショウ / のぼる	日 ひ	8画	日 日 旦 昇 昇 昇	昇格試験に合格する。成績が上昇する。日が昇るのが早くなる。

新出音訓 （□は新しく習う読み方）

漢字	読み方	用例
P39 片	[ヘン] かた	ガラスの**破片**が散らばる。
P39 染	[セン] そめる・そまる・（しみる）・（しみ）	環境《かんきょう》の**汚染**が広がる。
P39 星	セイ・[ショウ] ほし	明けの**明星**。

使い分けに注意

越 超

▼「越える」「超える」の使い分けに注意する。
・越える…「場所や時間を通り過ぎること」に使う。
例ボールがフェンスを越える。
例海外に住んでいる期間が三年を越える。
・超える…「ある基準や数値以上になること」に使う。
例気温は三十度を超えた。

昇

▼「昇る」「登る」「上る」の使い分けに注意する。どれも「高い所に上がる」意味があるが、「昇る」は日や月、または地位など、「登る」は山や木など、それ以外は「上る」を使う。

部首に注意

腎

▼部首は「⺼（にくづき）」。体に関係のある部首。「月（つき・つきへん）」と形は同じだが、漢字の意味などから判断し、区別できるようにしよう。
・にくづき…胸・臓など。
・つき・つきへん…期・服など。

送り仮名《がな》に注意

汚

▼複数の訓読みがあり、送り仮名によって読み方が異なるので注意する。
・手を汚（よご）す。
・手が汚（よご）れる。
・手が汚（きたな）い。
また、「汚す」「汚れる」には、送り仮名が同じで、「けが（す）」「けが（れる）」（→高校で習う）という読みもあるので、使われている文章の前後の流れから読み分ける。

形に注意

恭

▼部首である「⺗（したごころ）」の部分を、「小」や「水」と書き誤らないようにする。「⺗」は「心」の形が変わったもの。

漢字に親しもう1

教科書 40 ページ

新出漢字

漢字	読み方	部首	画数	筆順	用例
P40 傑	ケツ	亻 にんべん	13画	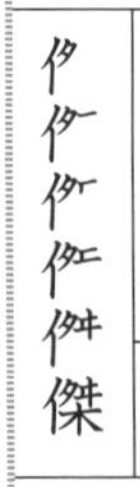	彼の**傑作**が生まれる。 **傑出**した作品。 ある**傑物**の伝記。

ページ	漢字	読み方	部首	画数	用例
P40	譜	フ	言 ごんべん	19画	**楽譜**を見ながら演奏する。 我《わ》が家の**系譜**をたどる。 指揮者が**譜面台**の前に立つ。
P40	墨	ボク すみ	土 つち	14画	**水墨画**を描《か》く。 濃淡《のうたん》鮮《あざ》やかな**墨絵**。 習字に使う**墨**をする。
P40	稽	ケイ	禾 のぎへん	15画	**滑《こっ》稽**なしぐさで笑わせる。 ピアノの**稽古**に励《はげ》む。
P40	謡	ヨウ （うたい） （うた**う**）	言 ごんべん	16画	妹と**童謡**を歌う。 長唄《ながうた》などの**謡物《うたいもの》**を習う。 節を付けて**謡《うた》う**。
P40	陶	トウ	阝 こざとへん	11画	境内《けいだい》の**陶器市**を見物する。 迫真《はくしん》の演技に**陶酔**する。 **陶芸**の工房《こうぼう》に行く。
P40	捻	ネン	扌 てへん	11画	家計から旅費を**捻出**する。
P40	挫	ザ	扌 てへん	10画	**挫折感**を味わう。 足首を**捻挫**する。 事業計画が**頓《とん》挫**する。
P40	撲	ボク	扌 てへん	15画	犯罪の**撲滅《めつ》**を願う。 足の**打撲**を手当《てあて》する。
P40	拒	キョ こば**む**	扌 てへん	8画	友人の誘《さそ》いを**拒絶**する。 不当な要求を**拒否**する。 援助《えんじょ》の申し出を**拒む**。

ページ	漢字	読み方	部首	画数	用例
P40	括	カツ	扌 てへん	9画	複数の意見を**包括**する。 代金を**一括**して請求《せいきゅう》する。 この一帯を**統括**する支店。
P40	維	イ	糸 いとへん	14画	健康の**維持**に努める。 **明治維新**の年。 **食物繊《せん》維**を多く含《ふく》む食品。
P40	緯	イ	糸 いとへん	16画	**緯度**は赤道を零度《れいど》とする。 事件の**経緯**を調査する。 パリは**北緯**四十九度付近だ。
P40	紡	ボウ （つむ**ぐ**）	糸 いとへん	10画	羊毛を**紡績**する。 **混紡**の生地《きじ》で洋服を作る。 糸を**紡《つむ》い**で布を織る。

新出音訓

（□は新しく習う読み方）

ページ	漢字	読み方	用例
P40	速	ソク はやい・はや**める**・はや**まる**・【すみ**やか**】	命令に**速やか**に従う。
P40	和	ワ・（オ） 【やわ**らぐ**】・【やわ**らげる**】・【なご**む**】・【なご**やか**】	彼《かれ》の表情が**和らぐ**。 お茶を飲んで**和む**。 **和やか**な気持ちになる。
P40	集	シュウ あつ**まる**・あつ**める**・【つど**う**】	町内の人が祭りに**集う**。
P40	専	セン 【もっぱ**ら**】	読書といえば**専ら**漫画《まんが》だ。

基本ドリル 1

❶ 学びをひらく

解答 106ページ

学習日 ／ ／

1 ――線の漢字の読み方を書きなさい。

シンシュン

① 大きな声に驚く。
② 驚異的な能力を誇《ほこ》る。
③ 僕の母は看護師だ。
④ 寒さが嫌いな動物。
⑤ 嫌疑を晴らした。
⑥ 父の機嫌をうかがう。
⑦ 悪口を聞くのは嫌だ。
⑧ 牛丼の大盛りを注文する。
⑨ 天ぷらをのせた丼飯。
⑩ 新しい靴下を買う。
⑪ 兄弟で性格が違う。
⑫ 違反行為を罰《ばっ》する。
⑬ 過去を振り返る。
⑭ 見逃《みのが》しの三振に終わる。
⑮ 先生がひどく怒る。
⑯ 姉が激怒した。
⑰ 怒り狂《くる》ったような波。
⑱ 腹が立って壁《かべ》を殴る。
⑲ 涙《なみだ》が出るほど悔しい。
⑳ 悔恨《こん》の念にかられる。
㉑ 軽はずみな発言を悔いる。
㉒ 質問をされて黙る。

㉓ 暗黙の了解《りょうかい》を守る。
㉔ 席から離れる。
㉕ ヘリコプターが離陸する。
㉖ 弟が暗闇《くらやみ》を怖がる。
㉗ 恐《きょう》怖で身の毛がよだつ。
㉘ 自分の非を認めて謝る。
㉙ 笑顔であいさつをする。

比較・分類

㉚ 商品の値段を比較する。
㉛ 状況《じょうきょう》を正確に捉える。
㉜ 敵の姿を捕《ほ》捉する。
㉝ 母親に甘える。
㉞ 非難を甘受する。
㉟ 妹は甘えん坊だ。
㊱ 近所の坊ちゃんは活発だ。
㊲ 類似点を見つける。
㊳ 椅子にもたれかかる。
㊴ 付箋を使って勉強する。
㊵ 果物が傷む。
㊶ 図書館で蔵書を検索する。
㊷ 特徴を捉えて絵を描《か》く。

2 次の語句を使って短文を作りなさい。

シンシュン

□① ……にちがいない

（　　　　　　　　　　）

□② 気まずい

（　　　　　　　　　　）

□③ ……にもまして

（　　　　　　　　　　）

3 次の各文の中から、使い方の誤っている漢字を抜《ぬ》き出して上の（　）に書き、正しい漢字を下の（　）に書きなさい。

シンシュン

□① 後改先に立たず。　（　　）→（　　）

比較・分類

□② 運動靴が痛む。　（　　）→（　　）

□③ 未知の土地を探策する。　（　　）→（　　）

□④ ハトは平和の象兆だ。　（　　）→（　　）

□⑤ 兄は昔から食いしん防だ。　（　　）→（　　）

4 次の——線の語句の意味を後から選び、記号で答えなさい。

シンシュン

□① 風が強いのでなおさら寒い。（　）

□② 蚊《か》がまとわりついてうっとうしい。（　）

□③ 両親に進路の話を切りだす。（　）

□④ あまりの痛みに顔をしかめる。（　）

□⑤ 彼女《かのじょ》は相変わらず忙《いそが》しそうだ。（　）

□⑥ 友達ができて妹の口数が増えた。（　）

□⑦ 勇気を出せない自分が情けない。（　）

ア 話す言葉の回数のこと。
イ 今までと同じように。
ウ じゃまでわずらわしい様子。
エ 期待はずれで残念な状態である様子。
オ 話や相談ごとなどを言いだす。
カ 不快感などにより眉《まゆ》のあたりにしわを寄せる。
キ 物事の程度が高まる様子。それ以上。ますます。

5 次の（　）に当てはまる語句を後から選び、漢字で書きなさい。

比較・分類

□① 話し合いの（　　　　）を明らかにする。

□② 二人の意見の（　　　　）点を探す。

□③ 自動車工場の（　　　　）的な生産ライン。

こうりつ　かんてん　きょうつう

確認ドリル 1

❶ 学びをひらく

解答 106ページ

学習日 ／ ／

1 次の片仮名《かな》を漢字で書きなさい。

シンシュン

① ナガグツを履《は》いて出かける。
② 争いごとをキラう。
③ 目を三角にしてオコる。
④ 雷《かみなり》をコワがる。
⑤ 過去の過ちをクいる。
⑥ ダマって部屋を出た。
⑦ 暑さで食欲フシンだ。
⑧ 故郷をハナれて働く。
⑨ 手をフって別れる。
⑩ ドゴウが響《ひび》き渡《わた》る。
⑪ 試合に負けてクヤしい。
⑫ イヤみを言われる。
⑬ イワカンがぬぐえない。
⑭ ほえる犬に恐《きょう》フを抱《いだ》く。
⑮ 自分の罪をコウカイする。
⑯ 色チガいの服を買う。
⑰ 子供の成長にオドロく。
⑱ 紙にナグリ書きする。
⑲ ボクの弟は十歳《さい》だ。
⑳ ギュウドンを作る。
㉑ 部下のミスにイカリ狂《くる》う。
㉒ 万引きのケンギがかかる。
㉓ 教科書をモクドクする。
㉔ 妹はごキゲン斜《なな》めだ。
㉕ 思わぬ再会にキョウキする。
㉖ アヤマって許してもらう。
㉗ ドンブリでご飯を食べる。
㉘ ベツリの悲しみを味わう。
㉙ 赤ちゃんのかわいいエガオ。

比較・分類

㉚ 両者の実力をヒカクする。
㉛ 生徒の心をトラえる。
㉜ ルイジ性を見つける。
㉝ イスに腰《こし》かける。
㉞ 赤んボウが泣きやむ。
㉟ 老朽《ろうきゅう》化で建物がイタむ。
㊱ 暗中モサクの日々が続く。
㊲ アマいみかんを食べる。
㊳ 辞書にフセンをはる。
㊴ 税金をチョウシュウする。
㊵ お隣《となり》のボッちゃん。
㊶ カンゲンに乗せられる。
㊷ 要点を捕《ほ》ソクする。

2 次の（　）に当てはまる漢字を下から選び、書き入れなさい。

シンシュン

□① テストの時は席を（　）す。【放・離】

□② 旗を大きく（　）る。【振・降】

□③ （　）って済む問題ではない。【誤・謝】

3 次の（　）に当てはまる語句を後から選び、書き入れなさい。

シンシュン

□① 教室に入ると（　）にチャイムが鳴った。

□② 旅行先で言葉が（　）通じず、困った。

比較・分類

□③ 勝利を目指し、（　）に練習する。

□④ 内容の順に文章の（　）を考える。

□⑤ 羽が青いのが、あの鳥の（　）だ。

□⑥ インターネットで郵便番号を（　）する。

特徴　必死　構成　全然
同時　検索

4 次の各文の中から、使い方の誤っている漢字を抜《ぬ》き出して上の（　）に書き、正しい漢字を下の（　）に書きなさい。

シンシュン

□① 母なら絶体に理解してくれる。（　）→（　）

□② 両者の相遺点を整理する。（　）→（　）

比較・分類

□③ 努気を帯びた声におびえる。（　）→（　）

□④ 本の重要な部分に付線をはる。（　）→（　）

□⑤ 復数の情報を精査する。（　）→（　）

5 次の語句の対義語を後から選び、漢字で書きなさい。

シンシュン

□① 入学↔（　）　□② 直接↔（　）

□③ 苦手↔（　）　□④ 離散↔（　）

比較・分類

□⑤ 目的↔（　）　□⑥ 中心↔（　）

しゅだん　しゅうへん　しゅうごう
とくい　そつぎょう　かんせつ

基本ドリル 2

① 学びをひらく

解答 106ページ

学習日　／　／

1 ――線の漢字の読み方を書きなさい。

漢字1

① 疲労がたまる。
② 部活動をして疲れる。
③ つめをかむ悪癖を直す。
④ 癖のある字を書く。
⑤ 白鳥が越冬する。
⑥ 引っ越しの準備をする。
⑦ 超過料金を払《はら》う。
⑧ 参加者が定員を超える。
⑨ 薬の扱いに注意する。
⑩ 劣等感を克服《こくふく》する。
⑪ 品質が劣る。
⑫ 腎臓の病気を治す。
⑬ 被疑者《ひぎしゃ》を起訴する。
⑭ 無実を訴える。
⑮ 祖父は頑固な人だ。
⑯ ガラスの破片が飛び散る。
⑰ 襟元まで髪《かみ》が伸《の》びる。
⑱ 毛糸の手袋を編む。
⑲ 水質の汚染を防ぐ。
⑳ 絵の具で服が汚れた。
㉑ 汚い手で触《さわ》る。
㉒ 家族の安泰を願う。
㉓ 恭順の意を表す。
㉔ 苦悩の表情を浮《う》かべる。
㉕ 進路について悩む。
㉖ 懸命に走る。
㉗ 優勝の懸かった試合だ。
㉘ 明けの明星を見た。
㉙ 気温が上昇する。
㉚ 元旦《がんたん》の太陽が昇る。

漢字に親しもう1

㉛ アニメ映画の傑作を楽しむ。
㉜ けがを速やかに処置する。
㉝ ピアノの楽譜を読む。
㉞ 水墨画の技法を学ぶ。
㉟ 筆に墨をつける。
㊱ 祖母の言葉に心が和む。
㊲ 厳しい稽古に取り組む。
㊳ コンサート会場に集う。
㊴ 童謡を口ずさむ。
㊵ 少し風が和らぐ。
㊶ 最近は専ら読書をしている。
㊷ 陶芸の教室に通う。
㊸ 指の捻挫を治す。
㊹ 事故で全身を打撲する。

□㊺ 着信を拒否する。
□㊻ 協力の依頼《いらい》を拒む。
□㊼ 代金を一括で支払《はら》う。
□㊽ 首位の座を維持する。
□㊾ 地図で緯度を調べる。
□㊿ 紡績の機械で糸を作る。

㊺	㊻
㊼	㊽
㊾	㊿

2 次の漢字の部首を後から選び、記号で答えなさい。

漢字1

□① 筆（　　）　□② 癖（　　）　□③ 園（　　）
□④ 襟（　　）　□⑤ 頑（　　）　□⑥ 腎（　　）

漢字に親しもう1

□⑦ 墨（　　）　□⑧ 陶（　　）　□⑨ 拒（　　）

ア 月　イ 阝　ウ 衤　エ 疒　オ 扌
カ 土　キ ⺮　ク 頁　ケ 囗

3 次の□に縦・横ともに一つの熟語になるよう、漢字を入れなさい。

漢字1

□① 下→□→悪　優→□→勢

□② 優→□→冬　超→□→境

4 次の――線の漢字の読み方を書きなさい。

漢字1

□① (1) 潔癖な性格だ。 (2) 口癖をまねる。
□② (1) 汚水を垂れ流す。 (2) どろで服を汚す。 (3) やり口が汚い。
□③ (1) 物語の断片を話す。 (2) 道の片側は崖《がけ》だ。
□④ (1) 星空を見上げる。 (2) 明けの明星が見える。 (3) 流星を観察する。

漢字に親しもう1

□⑤ (1) 速達で手紙を出す。 (2) 速やかに報告する。
□⑥ (1) 専門学校に通う。 (2) 専ら勉強に励《はげ》む。
□⑦ (1) 提案を拒絶する。 (2) 仲直りを拒む。

番号	(1)	(2)	(3)
①			
②			
③			
④			
⑤			
⑥			
⑦			

確認ドリル 2

① 学びをひらく

解答 107ページ

学習日 ／ ／

1 次の片仮名《かな》を漢字で書きなさい。

漢字1

□ ① キタナい靴を洗う。
□ ② クノウに満ちた人生。
□ ③ 東の空に日がノボる。
□ ④ 姉はガンコ者だ。
□ ⑤ 行動力の面で友人にオトる。
□ ⑥ 部にショウカクする。
□ ⑦ ヒロウした体を休める。
□ ⑧ ケンアン事項《じこう》が解決した。
□ ⑨ 宵《よい》のミョウジョウを見る。
□ ⑩ 賞金をカける。
□ ⑪ 被害者《ひがいしゃ》がコクソする。
□ ⑫ アクヘキを改める。
□ ⑬ ハヘンを拾い集める。
□ ⑭ 気温が三十度をコえる。
□ ⑮ ジンゾウの機能が低下する。
□ ⑯ 旅行先にナヤむ。
□ ⑰ タイゼンとした態度。
□ ⑱ 不満をウッタえる。
□ ⑲ ユウエツ感をもつ。
□ ⑳ 布を藍《あい》でセンショクする。
□ ㉑ 墨で服をヨゴす。
□ ㉒ シャツのエリを立てる。

①	②
③	④
⑤	⑥
⑦	⑧
⑨	⑩
⑪	⑫
⑬	⑭
⑮	⑯
⑰	⑱
⑲	⑳
㉑	㉒

□ ㉓ 機械のアツカい方を覚える。
□ ㉔ 歴史にオテンを残す。
□ ㉕ レツアクな環境《かんきょう》を変える。
□ ㉖ 野菜をフクロに入れる。
□ ㉗ 険しい山をコえる。
□ ㉘ 「キョウガ新年」と書く。
□ ㉙ つめをかむクセをなおす。
□ ㉚ 運動をしてツカれた。
□ ㉛ 制限時間をチョウカする。

漢字に親しもう1

□ ㉜ おどけて場がナゴむ。
□ ㉝ 面会をキョヒされる。
□ ㉞ なつかしいドウヨウ。
□ ㉟ 大きなボウセキ工場。
□ ㊱ 釜《かま》でトウキを焼く。
□ ㊲ ギターのガクフを買う。
□ ㊳ 日々のケイコで技《わざ》を磨《みが》く。
□ ㊴ 地域にツドいの場を作る。
□ ㊵ モッパら研究にいそしむ。
□ ㊶ スミやかに質問に答える。
□ ㊷ 意見をソウカツする。
□ ㊸ 怒りをヤワらげる。

㉓	㉔
㉕	㉖
㉗	㉘
㉙	㉚
㉛	
㉜	㉝
㉞	㉟
㊱	㊲
㊳	㊴
㊵	㊶
㊷	㊸

□㊹ ひざをダボクする。
□㊺ スイボクガの展覧会。
□㊻ 問題のケイイを調べる。
□㊼ 資金をネンシュツする。
□㊽ 自宅の立ち退《の》きをコバむ。
□㊾ 時代を変えた明治イシン。
□㊿ すずりでスミをする。
□51 ケッシュツした才能。
□52 ザセツから立ち直る。

㊹ ㊺ ㊻ ㊼ ㊽ ㊾ ㊿ 51 52

2 次の漢字の部首の部分のよび名を平仮名《がな》で書きなさい。 漢字1

□① 説（　　）
□② 笛（　　）
□③ 照（　　）
□④ 類（　　）

3 次の各組の漢字に、ある共通の部分を付け加えると別の漢字になります。その部分のよび名を平仮名で書きなさい。 漢字1

□① 丁・占・予（　　）
□② 田・非・相（　　）
□③ 口・井・古（　　）

4 次の（　）に当てはまる言葉をA群から選び、書き入れなさい。また、その意味をB群から選び、□に記号で答えなさい。 漢字1

□① 臣下が王様に（　　）の意を示す。
□② 成績の良い兄に対して、（　　）をもつ。
□③ 騒音《そうおん》被害《ひがい》について警察に（　　）する。

漢字に親しもう1

□④ 江戸《えど》時代の（　　）と名高い絵画。
□⑤ 資料を全ページ（　　）して印刷する。
□⑥ 運動をして健康を（　　）する。

（A群）
告訴　恭順　維持
一括　劣等感　傑作

（B群）
ア 犯罪の被害者などが捜査《そうさ》機関に申し立てること。
イ 自分が他人よりおとっていると感じる気持ち。
ウ 非常にすぐれた立派な作品。
エ 命令につつしんで従うこと。
オ 一定の状態を保ち続けること。
カ ひとまとめにしてあつかうこと。

2 新しい視点で／情報社会を生きる

教科書 42▼66ページ

学習日 ／ ／

ダイコンは大きな根？

教科書 42▼45ページ

新出漢字

漢字	読み方	部首	画数	筆順	用例
P42 茎	ケイ くき	艹 くさかんむり	8画	艹 艹 艾 茎 茎 茎	里いもは**球茎**をもつ。 植物の根と**茎**。 歯**茎**の病気を予防する。
P42 双	ソウ ふた	又 また	4画	フ ヌ 双 双	野鳥を**双眼鏡**で観察する。 **双方**の話を聞く。 アサガオの**双葉**が出る。
P42 伸	シン の**びる** の**ばす** の**べる**	亻 にんべん	7画	亻 亻 伂 伯 伸	**伸縮自在**な布地。 去年より背が**伸びる**。 シャツのしわを**伸ばす**。 友に救いの手を差し**伸べる**。
P42 軸	ジク	車 くるまへん	12画	一 亘 車 軔 軸 軸	組織の**主軸**をになう。 胚《はい》**軸**が葉に水分を送る。 若手が**中軸打者**に成長する。
P43 跡	セキ あと	⻊ あしへん	13画	𧾷 跁 跂 跡 跡 跡	地元の**史跡**を巡《めぐ》る。 犯人を**追跡**する。 車輪の**跡**が残る。

漢字	読み方	部首	画数	筆順	用例
P44 辛	シン から**い**	辛 からい	7画	亠 亠 立 立 辛 辛	**辛苦**を重ねた人生。 人生の**辛酸**をなめる。 **辛い**カレーライスを食べる。
P44 恵	ケイ エ めぐ**む**	心 こころ	10画	一 戸 百 亩 恵 恵	大自然の**恩恵**を受ける。 昔ながらの生活の**知恵**。 愛情に**恵まれ**て育つ。
P44 胞	ホウ	月 にくづき	9画	月 肑 肑 胸 胞	キノコの**胞子**が飛散する。 **細胞**の構造を学ぶ。 海外に住む**同胞**を訪ねる。
P44 壊	カイ こわ**す** こわ**れる**	土 つちへん	16画	土 圹 坤 墒 壊 壊	古い建物を**破壊**する。 誤っておもちゃを**壊す**。 時計が**壊れる**。
P45 抑	ヨク おさ**える**	扌 てへん	7画	扌 扌 扌 扌 抑 抑	人権を**抑圧**する。 価格高騰《こうとう》の**抑制**をはかる。 薬で症状《しょうじょう》を**抑える**。
P45 魅	ミ	鬼 きにょう	15画	′ 由 鬼 鬼 魅 魅	母校の**魅力**を紹介《しょうかい》する。 多くの人を**魅了**《りょう》する。 **魅惑**《わく》**的**な演奏を楽しむ。

重要な語句

◆は教科書中にある「注意する語句」

42ページ

7 **単純** （ここでは）物事がこみ入っていない様子。 対 複雑

文 単純な計算でミスをしてしまった。

43ページ

◆5いっぽう　（ここでは）関連する事柄《ことがら》の別の面についていうと。

文 英語の力はついた。いっぽう、数学はまだまだだ。

44ページ

7いずれ　（ここでは）近いうちに。そのうちに。

文 さなぎはいずれチョウになる。

13活用　（ここでは）物や人がもっている性質や能力を生かして、十分に役立てること。

文 身につけた技術を活用する。

45ページ

7魅力　人の心を引きつけて夢中にさせる力。

文 彼女《かのじょ》の歌声はとても魅力的だ。

ちょっと立ち止まって

教科書 46▶51ページ

新出漢字

漢字	読み方	部首	画数	筆順	用例
P46 摘	テキ つむ	扌 てへん	14画	扌 扩 拵 摘 摘	不正を**摘**発する。間違いを指**摘**する。季節の花を**摘む**。
P46 浮	フ うく うかれる うかぶ うかべる	氵 さんずい	10画	氵 氵 氵 浮 浮 浮	潜水艦《せんすいかん》が**浮**上する。木の葉が池に**浮く**。合格の知らせに**浮かれる**。課題が**浮かび**上がる。湖にボートを**浮かべる**。
P46 影	エイ かげ	彡 さんづくり	15画	日 旦 早 景 景 影	有名人の近**影**を載《の》せる。時勢が投**影**された作品。指で**影**絵を作る。
P47 架	カ かける かかる	木 き	9画	カ 加 加 架 架 架	**架**空の物語。屋根にはしごを**架ける**。川に**架かる**橋を渡《わた》る。
P47 珍	チン めずらしい	王 おうへん たまへん	9画	王 王 玠 珍 珍 珍	前代未聞《みもん》の**珍**事が起きる。世界三大**珍**味の一つ。**珍しい**虫を捕《つか》まえる。
P48 奥	（オウ） おく	大 だい	12画	冂 冂 冂 冂 奥 奥	武術の**奥**義《おうぎ》をきわめる。ピンチで**奥**の手を使う。山の**奥**にある村に行く。
P48 顎	ガク あご	頁 おおがい	18画	口 吅 咢 咢 顎 顎	**顎**関節の写真。下**顎**が痛い。**顎**のひげをそる。
P48 粧	ショウ	米 こめへん	12画	丷 丷 半 米 粧 粧	化《け》**粧**台の前で髪《かみ》をとかす。
P49 秀	シュウ （ひいでる）	禾 のぎ	7画	一 二 千 禾 秀 秀	絵画の**秀**作を表彰《ひょうしょう》する。優**秀**な成績を上げる。**秀**《ひい》でた能力をもつ。
P49 麗	レイ （うるわしい）	鹿 しか	19画	丽 丽 严 麗 麗 麗	**秀麗**な富士山《ふじさん》を拝む。華《か》**麗**な衣装《いしょう》を着る。**麗**《うるわ》**しい**お姫様《ひめさま》が住む城。
P49 露	ロ ロウ つゆ	雨 あめかんむり	21画	雨 雨 雫 雫 露 露	鋭《するど》い岩が**露**出した山肌《やまはだ》。新しい技《わざ》を披《ひ》**露**する。葉が夜**露**にぬれる。

漢字	読み	部首・画数・筆順	用例
P49 荒	コウ あらい あれる あらす	艹 くさかんむり 9画 艹 艹 芒 芦 荒 荒	**荒**天で運動会が中止になる。波が高く**荒々しい**。台風で海が**荒れる**。イノシシが畑を**荒らす**。
P49 縛	バク しばる	糸 いとへん 16画 糸 絅 縛 縛 縛 縛	犯人を追い詰《つ》めて捕《ほ》**縛**する。紙の束をひもで**縛る**。移動に時間を**縛られる**。
P49 距	キョ	𧾷 あしへん 12画 𧾷 足 跙 距 距 距	学校までの**距**離を測る。

新出音訓

（□は新しく習う読み方）

漢字	読み方	用例
P48 化	カ・[ケ] ばける・ばかす	**化**粧台の鏡を見る。
P48 座	ザ [すわる]	公園のベンチに**座る**。
P49 試	シ こころみる・[ためす]	新しい方法を**試す**。

送り仮名《がな》に注意

珍

▼「珍しい」を、「珍らしい」や「珍い」としないように、送り仮名に注意する。また読み仮名「めずら（しい）」の「ず」を「づ」と書き誤らないように気をつける。

重要な語句

◆は教科書中にある「注意する語句」

46ページ

1 **指摘** 全体の中から、ある物事を具体的に取り上げて示すこと。

◆9 **……にすぎない** ただ……だけで、それ以上のことはない。
文 今はまだスタートラインに立ったにすぎない。

47ページ

◆3 **消え去る** 今までそこにあったものが消えてなくなる。
文 母のひと言で不安な思いが消え去った。
関 過ぎ去る 人やものがその場所を通り過ぎる。または、時間が流れて過去のこととなる。
関 立ち去る その場所からいなくなる。
関 忘れ去る すっかり忘れてしまい、もう決して思い出さない。

8 **単なる** 特別のことではない。ただの。

◆8 **背景** （ここでは）絵や写真で、中心になるものの後ろにある景色。
文 一面に広がる美しい花畑を背景に写真をとる。

14 **一面** （ここでは）物事の、ある一つの側面。

48ページ

1 **すます** （ここでは）気取っている。

4 **即座《そくざ》** その場ですぐ。

6 **とりあえず** 他のことは後回しにして。さしあたって。

◆7 **意識** （ここでは）気にかけて、物事や様子に気づくこと。
文 サッカーの試合では、仲間の動きを意識して動く。

12 **たちまち** 短時間のうちに。
文 人気店のパンは、たちまち売り切れてしまった。

49ページ

1 秀麗　ひときわ立派で、美しい様子。
文 彼《かれ》は眉目《びもく》（顔立ち）秀麗な少年だ。

2 露出　（ここでは）隠《かく》れたものをむき出しにすること。

4 印象　見たり聞いたりしたときに、心に強く感じること。

◆5 ……がち　……になりやすい。……であることのほうが多い。
文 冬は空気が乾燥《かんそう》しがちだ。

意見と根拠

教科書 52▶53 ページ

新出漢字

漢字	読み方	部首	画数	筆順	用例
P52 拠	キョ コ	扌 てへん	8画	扌 扌 扌 扨 扨 拠	空港は物流の**拠点**だ。 **根拠**を示して説明する。 犯罪の**証拠**を見つける。
P52 込	**こむ** **こめる**	辶 しんにょう しんにゅう	5画	ノ 入 入 込 込	妹は**思い込み**が強い。 試合に向けて**意気込む**。 感謝の気持ちを**込める**。
P52 頼	ライ たの**む** たの**もしい** た**よる**	頁 おおがい	16画	𠮷 束 束 頼 頼 頼	情報の**信頼性**を確かめる。 夕食に出前を**頼む**。 **頼もしい**父の背中。 親しい友人を**頼る**。
P53 礎	ソ （いしずえ）	石 いしへん	18画	石 矿 砵 碰 礎 礎	**基礎体力**のテストをする。 大きな**礎石**を据《す》える。 国家繁栄《はんえい》の**礎**《いしずえ》を築く。

新出音訓

（□ は新しく習う読み方）

漢字	読み方	用例
P52 基	キ [もと]・（もとい）	資料に**基づく**主張。
P53 認	[ニン] みとめる	待ち合わせ時間を**確認**する。

漢字に親しもう2

教科書 58 ページ

新出漢字

漢字	読み方	部首	画数	筆順	用例
P58 圏	ケン	囗 くにがまえ	12画	冂 円 罔 圏 圏 圏	**北極圏**を旅行する。 **優勝圏内**に入る。 **首都圏**の地価が高騰《こうとう》する。
P58 塁	ルイ	土 つち	12画	冂 田 甲 畏 塁 塁	**二塁手**にボールを渡《わた》す。 **満塁**のチャンスを迎《むか》える。 **土塁**を築く。
P58 喝	カツ	口 くちへん	11画	口 口 口 喝 喝 喝	だらしない弟を**一喝**する。 不純な動機を**喝破**する。
P58 采	サイ	爫 つめかんむり	8画	一 爫 爫 平 采 采	試合の**采配**を振るう。 スタンドの**喝采**を浴びる。 **風采**の上がらない身なり。

教科書	漢字	読み方	部首	画数	筆順	用例
P58	砲	ホウ	石 いしへん	10画	石 矿 矽 矽 砲 砲	激しく**砲火**を交える。／**大砲**で敵を攻撃《こうげき》する。／**砲丸投げ**の選手になる。
P58	審	シン	宀 うかんむり	15画	宀 宊 宷 寀 寀 審	適否について**審査**をする。／野球の試合の**審判**をする。／彼《かれ》の言動を**不審**に思う。
P58	覇	ハ	襾 にし おおいかんむり	19画	覀 覀 覀 覀 覀 覇	**全国制覇**を夢見る。／国の**覇権**を争う。／大会で**三連覇**する。
P58	浜	ヒン はま	氵 さんずい	10画	氵 汇 汇 汇 浜 浜	**海浜**で遊ぶ。／**浜辺**で貝を拾う。／白く美しい**砂浜**が続く。
P58	匹	ヒツ ひき	匚 かくしがまえ はこがまえ	4画	一 丆 兀 匹	プロに**匹敵**する実力をもつ。／虫を三**匹**捕《つか》まえる。
P58	喪	ソウ も	口 くち	12画	十 十 亠 亠 亠 喪	記憶《きおく》を**喪失**する。／**喪中**につき行動をつつしむ。／年明けまで**喪**に服す。
P58	酢	サク す	酉 ひよみのとり とりへん	12画	冂 丙 酉 酉 酢 酢	**酢酸**を製造する。／きゅうりの**酢の物**。／黒**酢**で味付けをする。
P58	臼	キュウ うす	臼 うす	6画	ノ 亻 F 臼 臼 臼	**臼歯**で草をかむ。／肩《かた》の関節を**脱臼**する。／石**臼**でひいた抹茶《まっちゃ》。
P58	皆	カイ みな	白 しろ	9画	一 ヒ 比 比 皆 皆	**皆勤**の表彰《ひょうしょう》を受ける。／**皆目**見当がつかない。／**皆様**、お願いいたします。

教科書	漢字	読み方	部首	画数	筆順	用例
P58	沢	タク さわ	氵 さんずい	7画	氵 氵 沪 沢 沢	**光沢**のある布地でできた服。／**潤沢**《じゅん》な資金を生かす。／**沢登り**を楽しむ。

新出音訓

（[ ]は新しく習う読み方）

教科書	漢字	読み方	用例
P58	競	キョウ・ケイ　[きそ]**う**・(**せる**)	成績を**競い**合う。
P58	技	ギ　[わざ]	体操の大**技**に挑《いど》む。
P58	割	カツ　わ**る**・わ**り**・わ**れる**・[さ**く**]	勉強に時間を**割く**。
P58	弓	[キュウ]　ゆみ	**弓道**を習う。

筆順に注意

匹

▼「匹」の「乚」は最後に書くことを覚えておこう。形が似ている「四」の「丨冂四四」とは書き方が異なるので注意する。

送り仮名《がな》に注意

基

▼「基づく」を、「基ずく」や「基く」、「基とづく」としないように送り仮名に注意する。

情報を集めよう・情報を読み取ろう・情報を引用しよう

教科書 60▼66 ページ

新出漢字

漢字	絞 (P60)	請 (P60)	哲 (P60)	占 (P62)	辱 (P63)
読み方	(コウ) しぼる しめる しまる	セイ (シン) (こう) うける	テツ	セン しめる うらなう	ジョク (はずかしめる)
部首	糸 いとへん	言 ごんべん	口 くち	卜 ぼく と	辰 しんのたつ
画数	12画	15画	10画	5画	10画
筆順	幺 糸 紅 紵 紋 絞	言 訁 計 請 請 請	扌 扌 扩 扩 折 哲	丨 卜 卜 占 占	厂 戸 戸 辰 辱 辱
用例	絞首台《こうしゅ》の露と消えた王。候補を絞り込む。失言で自分の首を絞める。首が絞まって息苦しい。	本に請求記号シールをはる。安普請《やすぶしん》のアパート。師匠《ししょう》に教えを請《こ》う。責任をもって仕事を請ける。	大学で哲学を学ぶ。難解な哲理を究める。何の変哲もない箱がある。	独占欲が強い。賛成が多数を占める。将来を占う。	試合で雪辱をとげる。耐《た》えがたい恥辱《ち》を受ける。名を辱《はずかし》めないよう精進《しょうじん》する。

漢字	抜 (P65)	彫 (P66)	遵 (P66)
読み方	バツ ぬく ぬける ぬかす ぬかる	チョウ ほる	ジュン
部首	扌 てへん	彡 さんづくり	辶 しんにょう しんにゅう
画数	7画	11画	15画
筆順	十 扌 扌 扌 抜 抜	冂 円 用 周 周 彫	丷 䒑 酋 酋 尊 遵
用例	抜群の成績を収める。カードを一枚抜き出す。子供の歯が抜ける。問題を一つ抜かす。抜かりのない準備をする。	授業で彫刻を学ぶ。歴史的人物の彫像。木彫りの人形を買う。	遵法精神を育てる。規則を遵守して行動する。

新出音訓

（□は新しく習う読み方）

漢字	頭 (P60)	欲 (P61)	出 (P61)	納 (P61)
読み方	トウ・ズ・(ト) あたま・かしら	ヨク (ほっする)・ほしい	シュツ・スイ でる・だす	ノウ・ナッ・(ナ)・(ナン)・トウ おさめる・おさまる
用例	ノートに頭文字を記す。	新しいペンが欲しい。	出納《とう》金の管理責任者。	銀行で現金を出納する。

特別な読み方をする語

63 仮名【かな】

基本ドリル 1

2 新しい視点で／情報社会を生きる

解答 107ページ

学習日 ／ ／

1 ――線の漢字の読み方を書きなさい。

ダイコンは大きな根？

① たんぽぽの長い茎。
② 球茎をもつ植物。
③ 双葉の芽が出る。
④ 双眼鏡で遠くを見る。
⑤ アサガオのつるが伸びる。
⑥ 伸縮するホース。
⑦ 胚《はい》軸とよばれる部分。
⑧ 雪に靴の跡が残る。
⑨ 史跡を訪ねて観光する。
⑩ 辛い料理が好物だ。
⑪ 仲間と辛苦を共にする。
⑫ 知恵を絞《しぼ》って解決する。
⑬ 大地の恩恵を受ける。
⑭ よい友達に恵まれる。
⑮ 細胞の変化を観察する。
⑯ ビルを破壊する。
⑰ 大切な時計が壊れる。
⑱ 怒りを抑える。
⑲ 民衆の自由を抑圧する。
⑳ 彼女《かのじょ》の人柄《ひとがら》に魅力を感じる。

ちょっと立ち止まって

㉑ 誤りを指摘する。
㉒ 野の花を摘む。
㉓ 人の姿が浮かび上がる。
㉔ 海面に浮上する。
㉕ 影絵で遊ぶ。
㉖ 著者の近影写真。
㉗ 池に架かる赤い橋。
㉘ 架空の人物。
㉙ 珍しい貝を拾う。
㉚ 北海の珍味を味わう。
㉛ 森の奥に入る。
㉜ マフラーに顎をうずめる。
㉝ 顎関節が動きにくい。
㉞ 化粧台の前に立つ。
㉟ 教室の椅子に座る。
㊱ 秀麗な富士山《ふじさん》に見入る。
㊲ 山肌《やまはだ》が露出する。
㊳ 披《ひ》露宴《えん》に出席する。
㊴ 夜露にぬれる葉。
㊵ 荒々しい冬の海。
㊶ 荒天で船が出ない。
㊷ 手入れ不足で庭が荒れる。

□㊸ 本をひもで縛る。
□㊹ 警察に捕《ほ》縛される。
□㊺ 他のやり方を試す。
□㊻ 駅までの距離を尋《たず》ねる。

2 次の――線に当てはまる漢字を下から選び、書きなさい。

ダイコンは大きな根?

□① 背がのびる。【延・伸】
□② 胃は消化きかんだ。【機関・器官】

3 次の語句を使って短文を作りなさい。

ダイコンは大きな根?

□① いっぽう
□② いずれ

ちょっと立ち止まって

□③ ……にすぎない
□④ ……がち

4 次の――線の語句の意味を後から選び、記号で答えなさい。

ダイコンは大きな根?

□① これは単純な作りの機械だ。
□② 辞書を活用して勉強する。
□③ 登山の魅力を友達に力説する。

ちょっと立ち止まって

□④ あの山を背景に記念写真をとろう。
□⑤ 他の候補者を意識して演説する。
□⑥ 日焼けしないように肌《はだ》の露出を控《ひか》える。
□⑦ 彼《かれ》の指摘は素直《すなお》には受け入れがたい。
□⑧ 二人のうわさはたちまち広がった。
□⑨ 眉目《びもく》秀麗な映画界のスター。
□⑩ 印象に残った言葉を書き出す。

ア 隠《かく》れたものをむき出しにすること。
イ 短時間のうちに。
ウ 物や人がもっている性質や能力を生かして、十分に役立てること。
エ ひときわ立派で、美しい様子。
オ 気にかけて、物事や様子に気づくこと。
カ 物事がこみ入っていない様子。
キ 見たり聞いたりしたときに、心に強く感じること。
ク 人の心を引きつけて夢中にさせる力。
ケ 絵や写真で、中心になるものの後ろにある景色。
コ 全体の中から、ある物事を具体的に取り上げて示すこと。

確認ドリル 1

❷新しい視点で／情報社会を生きる

解答 107ページ

学習日 ／ ／

1 次の片仮名を漢字で書きなさい。

ダイコンは大きな根？

① カラいスープを飲む。
② 旅行の費用をオサえる。
③ ソウホウの意見を聞く。
④ 太陽のオンケイを受ける。
⑤ チカケイと根は異なる。
⑥ シンシュク性のあるシャツ。
⑦ チームのチュウジクとなる。
⑧ ミリョクのある話を聞く。
⑨ 名所キュウセキを巡《めぐ》る。
⑩ 私にはフタゴの妹がいる。
⑪ 芽がぐんぐんノびる。
⑫ おもちゃがコワれる。
⑬ コケがホウシを飛ばす。
⑭ 野菜のクキを食べる。
⑮ 三人寄れば文殊《もんじゅ》のチエ。
⑯ 環境《かんきょう》ハカイを防ぐ。
⑰ ヨク揚《よう》をつけて歌う。
⑱ シンサンをなめる。
⑲ 立つ鳥アトを濁《にご》さず。
⑳ 自然のメグみに感謝する。

ちょっと立ち止まって

㉑ メズラしい果物を食べる。
㉒ 新商品をタメす。
㉓ 海にウかぶ小島。
㉔ ヤマオクの温泉地。
㉕ 暗がりでヒトカゲが動く。
㉖ カクウの物語を楽しむ。
㉗ 父にはアゴひげがある。
㉘ コウテンにより欠航する。
㉙ 腫瘍《しゅよう》のテキシュツ手術。
㉚ チンキャクが姿を見せる。
㉛ 規則にシバられる。
㉜ アれ放題の庭。
㉝ ロコツに嫌な顔をする。
㉞ ケショウヒンを買う。
㉟ ガク関節を動かす。
㊱ 五月はチャツみの季節だ。
㊲ 美辞レイクを並べ立てる。
㊳ チョウキョリ走の選手。
㊴ 空手の技を披《ひ》ロウする。
㊵ 順位が急フジョウする。
㊶ 空に虹《にじ》がカかる。
㊷ 疲れてスワリ込む。

□㊸ 映像を壁《かべ》にトウエイする。
□㊹ ソクバクから逃《のが》れる。
□㊺ ユウシュウな成績を残す。
□㊻ アサツユが光り輝《かがや》く。
□㊼ 怒りで足音がアラい。

㊸	㊹
㊺	㊻
㊼	

2 次の語句の対義語を書きなさい。

ダイコンは大きな根?

□① 直線 ↕ （　　　）　□② 辛い ↕ （　　　）

ちょっと立ち止まって

□③ 単純 ↕ （　　　）　□④ 難しい ↕ （　　　）

3 次の各文の中から、使い方の誤っている漢字を抜き出して上の（　）に書き、正しい漢字を下の（　）に書きなさい。

ダイコンは大きな根?

□① 川が決解するのを防ぐ。（　　）→（　　）
□② 地下の根が水分を給収する。（　　）→（　　）

ちょっと立ち止まって

□③ 警察官が不正を敵発する。（　　）→（　　）
□④ 周りの目を意織して動く。（　　）→（　　）

4 次の（　）に当てはまる語句を後から選び、漢字で書きなさい。

ダイコンは大きな根?

□① 先生が、生徒の（　　　）に答える。
□② 生徒会役員としての（　　　）を果たす。
□③ ピアノのコンクールで実力を（　　　）する。

ちょっと立ち止まって

□④ 初めての海外旅行を（　　　）する。
□⑤ 明るい（　　　）を受ける絵画。
□⑥ 富士《ふじ》山を（　　　）にして写真をとる。

けいけん　ぎもん　いんしょう
はっき　はいけい　やくわり

5 次の【　】に示した漢字の読みは、音読みと訓読みのどちらですか。（　）に、音・訓と書いて答えなさい。

ダイコンは大きな根?

□① 双【そう】（　）　□② 茎【くき】（　）
□③ 跡【あと】（　）　□④ 恵【え】（　）

ちょっと立ち止まって

□⑤ 顎【あご】（　）　□⑥ 露【ろ】（　）
□⑦ 影【えい】（　）

基本ドリル 2

新しい視点で／情報社会を生きる

解答 107ページ

学習日 ／ ／

1 ――線の漢字の読み方を書きなさい。

意見と根拠

① 根拠を明らかにする。
② 論より証拠。
③ データに基づいて検証する。
④ 思い込みが激しい。
⑤ 記事の内容の信頼性。
⑥ 姉に手伝いを頼む。
⑦ 電化製品の説明書に頼る。
⑧ 忘れ物がないか確認する。
⑨ 運動して基礎体力をつける。

漢字に親しもう2

⑩ 合格の圏内に入る。
⑪ 兄と足の速さを競い合う。
⑫ 二塁手のファインプレー。
⑬ 難易度の高い大技を決める。
⑭ 客席から喝采を浴びる。
⑮ 砲丸を遠くに投げる。
⑯ 大変な労力を割く。
⑰ 弓道の稽古をする。
⑱ 審判が試合開始を告げる。
⑲ 全国大会で三連覇を果たす。
⑳ 大きな海浜に公園ができた。
㉑ 浜辺を散歩する。
㉒ 代表選手に匹敵する実力。
㉓ 犬を三匹飼っている。
㉔ 負けて自信を喪失した。
㉕ 喪中を知らせるはがき。
㉖ 酢酸の濃度《のうど》を計る。
㉗ 黒酢を使って料理する。
㉘ 臼歯が虫歯になる。
㉙ 石臼を回してお茶をひく。
㉚ 三年間皆勤を貫《つらぬ》く。
㉛ ご家族の皆様。
㉜ 光沢のある素材を使う。
㉝ 沢登りに挑戦《ちょうせん》する。

情報を集めよう・情報を読み取ろう・情報を引用しよう

㉞ 問題点を絞り込む。
㉟ マフラーで首が絞まり苦しい。
㊱ 本の請求記号を調べる。
㊲ 通訳の仕事を請ける。
㊳ 大学で哲学を学ぶ。
㊴ 頭文字を大文字で書く。
㊵ 妹があめを欲しがる。
㊶ 銀行で出納を担当する。

□㊷ 輸入品が大半を占める。
□㊸ 利益を独占する。
□㊹ 花びらで運命を占う。
□㊺ 弟が片仮名を練習する。
□㊻ 前回の雪辱を果たす。
□㊼ 重要語句を抜き出す。
□㊽ 抜群の運動神経。
□㊾ 彫刻を展覧会に出品する。
□㊿ 木に名前を彫る。
□51 憲法を遵守する。

㊷　㊸　㊹　㊺　㊻　㊼　㊽　㊾　㊿　51

2 次の（　）に当てはまる漢字を【　】から選び、書き入れなさい。

意見と根拠

□① 【拒・拠】
(1) この町は海産物の流通（　）点だ。
(2) 迷惑《めいわく》電話の着信を（　）否する。

漢字に親しもう2

□② 【砲・包】
(1) 大（　）の模型を製作する。
(2) きれいに（　）装されたプレゼント。

情報を集めよう

□③ 【清・請】
(1) 市長が人々の要（　）に応える。
(2) 過去の過ちを（　）算する。

3 次の□には、それぞれ共通する部首が入ります。その部首名を書きなさい。

意見と根拠

□① □朿　□彦　□川　（　）

漢字に親しもう2

□② □己　□式　□忍　（　）
□③ □半　□害　□貝　（　）

4 次の——線の漢字の読み方を書きなさい。

漢字に親しもう2

□① (1) 競技会に出場する。 (2) 先を競って入店する。
□② (1) 資格を喪失する。 (2) 喪が明ける。
□③ (1) 欠席者は皆無だ。 (2) 皆で力を合わせる。

情報を読み取ろう・情報を引用しよう

□④ (1) 占領下におかれる。 (2) 彼《かれ》は占い師だ。 (3) 味を占める。
□⑤ (1) 選抜試験を受ける。 (2) 袋から空気が抜ける。

①(1)　(2)　②(1)　(2)　③(1)　(2)　④(1)　(2)　(3)　⑤(1)　(2)

確認ドリル 2

2 新しい視点で／情報社会を生きる

解答 108ページ

学習日 ／ ／

1 次の片仮名を漢字で書きなさい。

意見と根拠

□① 専門家に調査を依《い》ライする。
□② ホンキョ地は広島だ。
□③ 入会を申しコむ。
□④ 実績にモトづいた人選。
□⑤ 左右をカクニンして進む。
□⑥ 兄はとてもタヨりになる。
□⑦ 確たるショウコをつかむ。
□⑧ 母におつかいをタノまれる。
□⑨ 家のキソ工事が完了した。

漢字に親しもう2

□⑩ シンパンの判断に従う。
□⑪ 剣道《けんどう》のワザを磨《みが》く。
□⑫ 記憶《きおく》をソウシツする。
□⑬ スピードをキソい合う。
□⑭ 先生にイッカツされる。
□⑮ ハマベに船がつく。
□⑯ 優勝ケンナイに入る。
□⑰ サワ歩きに出かける。
□⑱ 盗《とう》ルイに成功する。
□⑲ 彼《かれ》はホウガン投げの選手だ。
□⑳ ミナで十分に話し合う。
□㉑ サクサンは弱酸性だ。
□㉒ 資金が潤《じゅん》タクにある。
□㉓ 魚が二ヒキ釣《つ》れた。
□㉔ レンパを目標にする。
□㉕ モチュウはがきを出す。
□㉖ 運動中にダッキュウする。
□㉗ スの物は体によい。
□㉘ カイヒン公園を散歩する。
□㉙ イシウスで麦をひく。
□㉚ カイモク見当がつかない。
□㉛ キュウドウの稽古をする。
□㉜ プロにヒッテキする腕前《うでまえ》。
□㉝ 作業に人員をサく。
□㉞ 監督《かんとく》がサイハイを振る。

情報を集めよう・情報を読み取ろう・情報を引用しよう

□㉟ 反対が過半数をシめる。
□㊱ テツガクに興味をもつ。
□㊲ 去年のセツジョクに燃える。
□㊳ 服が小さくて首がシまる。
□㊴ 工事をウけ負う。
□㊵ チョウコク刀で板をほる。

□㊶ 特許をシンセイする。
□㊷ 座席をドクセンする。
□㊸ タイヤの空気がヌける。
□㊹ ぞうきんをよくシボる。
□㊺ スイトウ係を務める。
□㊻ 新しい靴がホしい。
□㊼ ジュンポウ精神にのっとる。
□㊽ 漢字をヒラガナにする。
□㊾ 鯛《たい》の尾カシラ付きで祝う。
□㊿ 年賀状用の版画をホる。
□51 入学者をセンバツする。
□52 手相をウラナってもらう。

㊶	㊷
㊸	㊹
㊺	㊻
㊼	㊽
㊾	㊿
51	52

2 次の（　）に当てはまる語句を後から選び、漢字で書きなさい。

意見と根拠

□① 友人に相談したうえで、（　　　）的に判断する。

□② 内容が重なる部分を（　　　）して話す。

漢字に親しもう2

□③ リーダーが民衆に真実を（　　　）する。

情報を読み取ろう

□④ 女子生徒の（　　　）が高いクラス。

かっぱ　きゃっかん　わりあい　しょうりゃく

3 次の――線の漢字の訓読みを使って短文を作りなさい。

例 彼は有名な体操選手だ。（器用に機械を操る。）

意見と根拠

□① 英語の基本を身につける。
（　　　　　　）

漢字に親しもう2

□② 最新の技術を活用する。
（　　　　　　）

□③ 障害物競走に出場する。
（　　　　　　）

情報を集めよう

□④ 暑さで食欲がなくなる。
（　　　　　　）

4 次の□に縦・横ともに一つの熟語になるよう、漢字を入れなさい。

漢字に親しもう2

□① 制→□→者　連→□→権

□② 空→□→丸　鉄→□→火

3 言葉に立ち止まる／読書生活を豊かに

教科書 68▼94 ページ

学習日 ／ ／

詩の世界

教科書 68▼72 ページ

新出漢字

ページ	漢字	読み方	部首	画数	筆順	用例
P68	普	フ	日 ひ	12画	丷 廾 廾 並 並 普	**普段**着に着がえる。 ごく**普通**の話。 インターネットが**普及**《きゅう》する。
P69	隅	グウ すみ	阝 こざとへん	12画	阝 阳 阳 隅 隅 隅	庭の一**隅**に咲《さ》いた花。 部屋の**片隅**に荷物を置く。 ノートの**隅**に書き留める。
P71	渡	ト わたる わたす	氵 さんずい	12画	氵 氵 沪 浐 浐 渡	父がフランスに**渡航**する。 つばめの**渡り**の季節。 リレーでバトンを**渡す**。
P71	弧	コ	弓 ゆみへん	9画	弓 弓 弧 弧 弧 弧	鳥が大空に**弧**を描《えが》く。 **弧状**に連なる日本列島。 重要な語句を**括弧**《かっ》でくくる。
P71	漠	バク	氵 さんずい	13画	氵 氵 氵 浩 漠 漠	**広漠**とした草原で寝《ね》転がる。 **砂漠**の遊牧民族。 **漠然**とした不安が残る。
P71	咲	さく	口 くちへん	9画	口 口 吖 吖 咲 咲	きれいな花が庭に**咲く**。 **七分咲き**の桜。 主役に**返り咲く**。
P71	戻	（レイ） もどす もどる	戸 とだれ とかんむり	7画	㇐ ㇐ 戸 戸 戸 戻	借りた本を**返戻**《へんれい》する。 使用後、元の場所に**戻す**。 家族が旅行から**戻る**。

比喩で広がる言葉の世界

教科書 73▼76 ページ

新出漢字

ページ	漢字	読み方	部首	画数	筆順	用例
P73	喩〈喻〉	ユ	口 くちへん	12画	口 叺 叺 哈 喻 喩	**比喩**を用いて表現する。 **直喩**と**暗喩**で表す。
P73	揺	ヨウ ゆれる ゆる ゆらぐ ゆるぐ ゆする ゆさぶる ゆすぶる	扌 てへん	12画	扌 扌 扌 揺 揺 揺	突然《とつぜん》の訪問に**動揺**する。 海が荒れ、船が**揺れる**。 肩《かた》かけのかばんを前後に**揺る**。 草木が風に**揺らぐ**。 信念が**揺るぐ**。 ブランコを**揺する**。 体を**揺さぶり**起こす。 枝を**揺すぶり**実を落とす。
P73	帆	ハン ほ	巾 はばへん きんべん	6画	丨 口 巾 巾 帆 帆	**帆船**に乗り旅に出る。 ヨットが風を受け**帆走**する。 船に**帆**を張る。

P74	P74	P74	P74	P74	P75	P75	P75
柄	瞬	描	与	尽	雷	響	烈
（ヘイ） がら え	シュン （またたく）	ビョウ えがく かく	ヨ あたえる	ジン つくす つきる つかす	ライ かみなり	キョウ ひびく	レツ
木 きへん	目 めへん	扌 てへん	一 いち	尸 しかばね かばね	雨 あめかんむり	音 おと	灬 れんが れっか
9画	18画	11画	3画	6画	13画	20画	10画
木 杧 杤 柄 柄 柄	目 目' 盱 瞬 瞬 瞬	扌 扌' 拱 描 描 描	一 与 与	尸 尸 尺 尺 尽 尽	一 雨 雨 霄 雷 雷	乡 组 组 郷 郷 響	一 ア 歹 歹 列 烈
横柄《おうへい》な態度を取る。 大事な**事柄**をまとめる。 スコップの**柄**が折れる。	決定的**瞬間**を見のがす。 **瞬時**に理解する。 **瞬**《また》**く間**に時間が過ぎる。	主人公の心理を**描写**する。 将来の生活を**思い描く**。 **手描き**の皿を使う。	事件への**関与**を認める。 賞状が**授与**される。 人に感動を**与える**物語。	ボランティアに**尽力**する。 最後まで全力を**尽くす**。 備蓄《びちく》燃料が**尽きる**。 だらしなさに愛想《あいそ》を**尽かす**。	激しい**雷雨**に見舞《みま》われる。 **雷鳴**が鳴り響く。 **雷**を伴《ともな》う大雨が降る。	新製品の**反響**が大きい。 大きな**影響力**がある。 楽器の音色が**響き渡る**。	**鮮**《せん》**烈**なデビューをかざる。 **激烈**なシュートを放つ。 **烈火**のごとく怒りだす。

P75	P75	P75
迫	緊	輝
ハク せまる	キン	キ かがやく
辶 しんにょう しんにゅう	糸 いと	車 くるま
8画	15画	15画
ノ 亻 白 白 迫 迫	一 臣 臣 臤 堅 緊	光 光 炉 輝 輝 輝
迫真の演技に魅了《みりょう》される。 **迫力**が伝わる映像。 命の危険が**迫る**。	**緊急**の事態に備える。 ピアノの発表会は**緊張**する。 **緊密**に連絡《れんらく》を取り合う。	きれいな**輝石**を見つけた。 **光輝**ある伝統。 夢をもち、毎日が**輝きだす**。

重要な語句

◆は教科書中にある「注意する語句」

73ページ

◆1 **思い浮かべる**　情景や姿・形を思い出し、心の中に描く。

74ページ

6 **瞬時**　ほんのわずかな時間。
文 危険を瞬時に察知する。

◆6 **思い描く**　情景や姿・形を心の中で想像する。

10 **未知**　まだ知られていないこと。

◆15 **尽くす**　（ここでは）あるだけのものを全部出す。
文 舞台《ぶたい》の成功に向けて、力を尽くす。

75ページ

1 **特性**　その人や物だけがもつ、特別な性質。

1 **印象づける**　心に強く刻みつける。

◆3 **激烈**　非常に激しい様子。
文 激烈な口調で議論する。

◆11 **うかがい知れない**　おおよその見当をつけることができない。
文 彼《かれ》にはうかがい知れないほどの才能がある。

言葉1 指示する語句と接続する語句

教科書 77▼79 ページ

新出漢字

漢字	読み方	部首	画数	筆順	用例
P77 称	ショウ	禾 のぎへん	10画	ニ 千 禾 秒 称 称	親しみを込めて**愛称**で呼ぶ。左右**対称**の建物。新製品の**名称**を公募《こうぼ》する。
P78 伐	バツ	イ にんべん	6画	ノ イ 仁 代 伐 伐	森林の**伐採**を禁止する。**殺伐**とした風景が広がる。果樹園の**間伐**を行う。
P79 累	ルイ	糸 いと	11画	口 田 甲 罗 累 累	並列・**累加**の語句。各市の人口を**累計**する。赤字が**累積**する。
P79 扉	(ヒ) とびら	戸 とだれ とかんむり	12画	一 ㇇ 戸 扉 扉 扉	**門扉**《もんぴ》を開け放つ。重い**扉**を閉める。停電で**自動扉**が動かない。
P79 鍵	ケン かぎ	金 かねへん	17画	金 釕 鉦 鍵 鍵 鍵	ピアノの**鍵盤**《ばん》をたたく。部屋に**鍵**を掛《か》ける。**鍵穴**が回りにくい。
P79 掛	かける かかる かかり	扌 てへん	11画	扌 扌 扌 挂 掛 掛	椅子に腰《こし》を**掛ける**。欠席すると迷惑《めいわく》が**掛かる**。駅の**出札**《しゅっさつ》**掛**。
P79 択	タク	扌 てへん	7画	扌 扌 扌 扣 択 択	**二者択一**の問題。新たな方針を**採択**する。進路の**選択**に迷う。
P79 絡	ラク (からむ) (からまる) (からめる)	糸 いとへん	12画	糸 糸 紗 終 絡 絡	友人に集合時刻を**連絡**する。たくさんの細い糸が**絡**《から》**む**。針に糸が**絡**《から》**まる**。天ぷらにたれを**絡**《から》**める**。
P79 項	コウ	頁 おおがい	12画	エ 工 巧 項 項 項	資料を**項目**ごとに分ける。連絡**事項**を挙げる。試験の**要項**が発表される。

新出音訓

(□は新しく習う読み方)

漢字	読み方	用例
P79 並	ヘイ(□) なみ・ならべる・ならぶ・ならびに	車を**並列**にとめる。

使い分けに注意

掛

▼「係の人」の意味では、「係」が使われることが多い。ただし、「出札掛」「改札掛」など鉄道の職名では今でも「掛」が使われる。

言葉を集めよう

教科書 80▼81 ページ

新出漢字

漢字	読み方	部首	画数	筆順	用例
P80 蓄	チク たくわえる	艹 くさかんむり	13画	艹 芏 苎 荄 蓄 蓄	日々の疲労が**蓄積**する。将来のために**貯蓄**する。食糧《しょくりょう》を**蓄える**。

漢字	紹	介	涼	透	柔	飾	含	溶
ページ	P80	P80	P80	P80	P80	P81	P81	P81
読み方	ショウ	カイ	リョウ すずしい すずむ	トウ すく すかす すける	ジュウ ニュウ やわらか やわらかい	ショク かざる	ガン ふくむ ふくめる	ヨウ とける とかす とく
部首	糸 いとへん	人 ひとやね	氵 さんずい	辶 しんにょう しんにゅう	木 き	食 しょくへん	口 くち	氵 さんずい
画数	11画	4画	11画	10画	9画	13画	7画	13画
筆順	幺 糸 紀 紹 紹 紹	ノ 人 介 介	氵 汁 泊 涼 涼 涼	二 禾 秀 秀 透 透	マ 予 予 矛 柔 柔	八 今 食 飣 飾 飾	八 人 今 今 含 含	氵 氵 沪 浴 溶 溶
用例	みんなに友達を紹介《かい》する。	祖父の介護を手伝う。他国の紛争《ふんそう》に介入する。愛読書を紹介する。	清涼な水を飲む。涼しげなガラスの器《うつわ》。縁側《えんがわ》で涼む。	透明なガラスの容器。池の水が透き通る。封筒《ふうとう》の中を透かして見る。透けるように白い肌《はだ》。	幼時から柔道を習う。他人と柔和に接する。柔らかなふとんで寝《ね》る。柔らかい食べ物を食べる。	用言を修飾する言葉。服飾の勉強をする。教室に花を飾る。	鉄分を含有する水。水を口に含む。条件の全てを含める。	食塩が水に溶解する。氷が暑さで溶ける。鉄を溶かすほどの温度。卵を溶き入れる。

新出音訓

（□は新しく習う読み方）

漢字	読み方	用例
P81 夫	フ・フウ おっと	勉強方法を工夫する。
P81 極	キョク・ゴク きわめる・きわまる・きわみ	仕事は極めて順調だ。感極まって泣き出す。優勝できて喜びの極みだ。
P81 程	テイ ほど	程よい温度が保たれる。

特別な読み方をする語

80 小豆【あずき】

使い分けに注意

極

▼「きわ（める）」は「極める」「究める」を使い分ける。

・極める…もうこれ以上はないという状態になる。

例 登山隊はついに山頂を極めた。

・究める…深く突《つ》き詰《つ》めて、明らかにする。

例 古典芸能の道を究める。

本の中の中学生

教科書 84 ページ

新出漢字

漢字	読み方	部首	画数	筆順	用例
P84 幅	フク はば	巾 はばへん きんべん	12画	口 巾 巾 帀 帕 幅	道路の幅員を広げる。全幅の信頼を寄せる。活動の幅を広げる。

あと少し、もう少し

教科書 84▼85 ページ

新出漢字

漢字	読み方	部首	画数	筆順	用例
P84 彼	ヒ かれ かの	彳 ぎょうにんべん	8画	彳 彳 彳 彳 彼 彼	**彼**岸には墓に花を供える。 **彼**と私は幼なじみだ。 **彼**女の本を借りる。
P84 脱	ダツ ぬ**ぐ** ぬ**げる**	月 にくづき	11画	月 月 月 月 月 脱	**脱**字がないか確認する。 玄関《げんかん》で靴を**脱ぐ**。 引っ張られて服が**脱げる**。
P84 腕	ワン うで	月 にくづき	12画	月 月 月 月 腕 腕	**腕**章を巻いた係員に従う。 並外れた**腕**力の持ち主。 **腕**によりをかける。
P85 澄	(チョウ) す**む** す**ます**	氵 さんずい	15画	氵 氵 氵 氵 澄 澄	心が清**澄**《せいちょう》になる。 山の空気が**澄み**切る。 心を**澄まし**て話を聞く。
P85 斉	セイ	斉 せい	8画	亠 ナ 文 斉 斉 斉	合図を聞いて一**斉**に集まる。 卒業式で校歌を**斉**唱する。

新出音訓

（□は新しく習う読み方）

漢字	読み方	用例
P84 臨	リン [のぞ**む**]	決勝戦に**臨む**。
P85 後	ゴ・コウ のち・うしろ・あと・[お**くれる**]	大観衆の前で気**後れ**する。

重要な語句

85ページ

上3 **気後れ**　自信がもてず、弱気になること。

上14 **ひときわ**　ほかと比べて特に目立って。

上16 **余念がない**　ほかのことを考えず、一つのことに打ち込んでいる。

西の魔女が死んだ

教科書 86▼87 ページ

新出漢字

漢字	読み方	部首	画数	筆順	用例
P86 魔	マ	鬼 おに	21画	麻 麻 磨 磨 魔 魔	**魔**女に関する書物を読む。 **魔**物を退治する。 **魔**が差したかのような行動。
P86 髪	ハツ かみ	髟 かみがしら	14画	𠃊 長 長 髟 髪 髪	理容店で散**髪**する。 白**髪**の老人と出会う。 伸びた**髪**を切る。
P86 胴	ドウ	月 にくづき	10画	月 月 肌 胴 胴 胴	優勝した選手を**胴**上げする。 **胴**の長さを測る。 寸**胴**《ずんどう》鍋《なべ》でカレーを煮込《に》む。
P86 履	リ は**く**	尸 しかばね かばね	15画	尸 屛 屛 履 履 履	決められた科目を**履**修する。 電話の着信**履**歴を調べる。 靴下を**履き**かえる。

P87 **核**	カク	木 きへん	10画	木 杧 杧 核 核 核	**核**家族が増加する。物事の**核心**をつく。チームの**核**となる人物。
P87 **挟**	（キョウ） はさむ はさまる	扌 てへん	9画	扌 扌 扌 扌 挟 挟	敵を**挟撃**《きょうげき》する。本にしおりを**挟む**。棒が岩の隙間《すきま》に**挟まる**。
P87 **鉢**	ハチ （ハツ）	金 かねへん	13画	亼 全 金 針 鉢 鉢	**植木鉢**に土を入れる。寒い日は**火鉢**にあたる。**托鉢僧**《たくはつそう》が門前に立つ。
P87 **棚**	たな	木 きへん	12画	木 札 朷 朋 棚 棚	問題を**棚上げ**にする。**棚**の中のお菓子《かし》を食べる。**大陸棚**は豊かな漁場だ。

新出音訓

（□は新しく習う読み方）

漢字	読み方	用例
P86 **厳**	ゲン・（ゴン） おごそ[か]・きびしい	結婚式を**厳か**に執《と》り行う。

重要な語句

86ページ

上16 **厳か** 威厳《いげん》があり、重々しい様子。

文 厳かに卒業式が挙行された。

87ページ

上4 **当たりさわりのない** 特に悪い影響を及《およ》ぼさない。

文 当たりさわりのない話でごまかす。

上10 **核心** 物事の中心となる大事な部分。

文 警察官が事件の核心に迫る。

ブラインドの向こうに見える光

教科書 88▼89 ページ

新出漢字

漢字	読み方	部首	画数	筆順	用例
P88 **擦**	サツ する すれる	扌 てへん	17画	扌 扌 扌 扌 擦 擦	転倒《てんとう》で**擦過傷**を負う。**擦り傷**を消毒する。布が**擦れて**破ける。
P88 **暇**	カ ひま	日 ひへん	13画	日 日 日 日 暇 暇	**休暇**をとって旅行に行く。**余暇**を読書にあてる。**暇**があれば勉強をする。
P88 **顧**	コ かえりみる	頁 おおがい	21画	戸 戸 戸 雇 顧 顧	**顧客名簿**《めいぼ》を作成する。野球部の**顧問**の先生。自分の半生を**顧みる**。
P89 **磨**	マ みがく	石 いし	16画	广 庁 床 麻 磨 磨	石を**研磨**して宝石にする。床《ゆか》をぴかぴかに**磨く**。**歯磨き**をする。

重要な語句

88ページ

下7 **切り開く** （ここでは）現状を打開して、新たな道をつくる。

文 努力して明るい未来を切り開く。

89ページ

上7 **磨く** （ここでは）技能の上達に努める。

文 プロを目指し、料理の腕を磨く。

基本ドリル 1

3 言葉に立ち止まる／読書生活を豊かに

解答 108ページ

学習日 ／ ／

1 ——線の漢字の読み方を書きなさい。

詩の世界

□① ごく普通の話を聞く。
□② 机の隅に本を置く。
□③ 庭の一隅を占める竹林。
□④ 鳥の渡りについて調べる。
□⑤ 渡航の手続きをする。
□⑥ 紙飛行機が弧を描く。
□⑦ 砂漠にあるオアシス。
□⑧ 梅の花が美しく咲く。
□⑨ 図書館から家に戻る。

比喩で広がる言葉の世界

□⑩ 比喩を用いて表現する。
□⑪ 波に揺られるボート。
□⑫ 嫌なうわさに動揺する。
□⑬ ヨットの帆が風になびく。
□⑭ 帆船で海に出る。
□⑮ 書く事柄を整理する。
□⑯ ほうきの柄が折れた。
□⑰ 瞬時に判断する。
□⑱ 未来の町の姿を思い描く。
□⑲ 心の内面を描写する。
□⑳ 手描きの年賀状。
□㉑ 小鳥にえさを与える。
□㉒ 事件への関与が疑われる。
□㉓ 問題解決に全力を尽くす。
□㉔ 環境《かんきょう》の保全に尽力する。
□㉕ 雷の音に驚く。
□㉖ 突然《とつぜん》、雷鳴がとどろいた。
□㉗ 選手の声が響き渡る。
□㉘ 影響力の大きい人物。
□㉙ 激烈な競争を勝ち抜く。
□㉚ 迫力ある演技をする。
□㉛ 試験の日程が迫る。
□㉜ 選手の緊張をほぐす。
□㉝ 夕空に金星が輝きだす。
□㉞ 美しい輝石を集める。

言葉1

□㉟ 新商品の名称を決める。
□㊱ 庭の木を伐採する。
□㊲ 電池を並列に接続する。
□㊳ 会社の利益が累加する。
□㊴ 会場の扉を閉める。
□㊵ 問題解決への鍵。

□㊶ 鍵盤《ばん》ハーモニカの演奏。
□㊷ 店の前に看板を掛ける。
□㊸ 鉄道の出札《しゅっさつ》掛。
□㊹ どちらを買うか選択する。
□㊺ 電話で連絡する。
□㊻ 必要事項を記入する。

言葉を集めよう

□㊼ 休養して体力を蓄える。
□㊽ 老後に備えて貯蓄する。
□㊾ 家族に友人を紹介する。
□㊿ 見た目も涼しげなお菓子《かし》。
□51 清涼な空気が流れる。
□52 小豆をことこと煮《に》る。
□53 透き通った川の水。
□54 透明なガラスを拭《ふ》く。
□55 柔らかい羽毛《うもう》のふとん。
□56 柔道の大会に出場する。
□57 柔和な笑《え》みを浮かべる。
□58 体言を修飾する言葉。
□59 式場を花で飾る。
□60 伝え方を工夫する。
□61 お茶を口に含む。
□62 ビタミンを含有する食品。
□63 高熱で鉄が溶ける。
□64 せっけんの溶液を用意する。
□65 極めて珍しい事件だ。
□66 程よい距離を保つ。

2 次の語句を使って短文を作りなさい。

比喩で広がる言葉の世界

□尽くす
（　　　　　　　　）

3 次の語句が対義語の関係になるように、□に漢字を書き入れなさい。

詩の世界

□① 基本 ↕ □用　② 人工 ↕ 自□

比喩で広がる言葉の世界

□③ 必要 ↕ □要　④ 深い ↕ □い

言葉1

□⑤ 並列 ↕ □列

4 次の（　）の中で、送り仮名の正しいものを選び、記号で答えなさい。

比喩で広がる言葉の世界

□① 言葉で気持ちを（ア 表わす　イ 表す）。（　）
□② 夜空に星が（ア 輝く　イ 輝やく）。（　）

言葉を集めよう

□③ 水と食料を（ア 蓄える　イ 蓄わえる）。（　）
□④ （ア 柔らかい　イ 柔かい）パンを食べる。（　）

確認ドリル 1

③ 言葉に立ち止まる／読書生活を豊かに

解答 108ページ

学習日　／　／

1 次の片仮名を漢字で書きなさい。

詩の世界

□① 大きな橋をワタる。
□② サバクを歩くラクダ。
□③ あじさいの花がサく。
□④ ごくフツウの家庭で育つ。
□⑤ 庭のイチグウに木を植える。
□⑥ ボールがエンコをえがく。
□⑦ 弟が学校からモドる。
□⑧ 部屋のスミまで掃除《そうじ》する。
□⑨ 中国からトライした品。

比喩で広がる言葉の世界

□⑩ カミナリが木に落ちる。
□⑪ ヨットにホをかける。
□⑫ 突然《とつぜん》の事態にドウヨウする。
□⑬ チームのネツレツなファン。
□⑭ 提出の期日がセマる。
□⑮ ひしゃくのエを持つ。
□⑯ 決定の権限をアタえる。
□⑰ こまが円をエガく。
□⑱ ヒユで表現の効果を上げる。
□⑲ キンキュウに呼び出される。

□⑳ 打てばヒビく人。
□㉑ イッシュンの出来事。
□㉒ 地域の発展にキヨする。
□㉓ 夜空の星がコウキを放つ。
□㉔ 人のためにツくす。
□㉕ 動物の絵をカく。
□㉖ 船が海上をハンソウする。
□㉗ 明日はライウの予報だ。
□㉘ 大きなハンキョウが広がる。
□㉙ テガラを自慢《じまん》する。
□㉚ キハクあふれるプレー。
□㉛ 電車にユられて通学する。
□㉜ 情景をビョウシャする。
□㉝ 優勝の栄冠《えいかん》にカガヤく。
□㉞ 会社再建にジンリョクする。

言葉1

□㉟ ヘイレツして行進する。
□㊱ 家のカギを閉め忘れる。
□㊲ 店にのれんをカける。
□㊳ 自動トビラが開く。
□㊴ 名簿《めいぼ》ではケイショウを略す。
□㊵ 情報を取捨センタクする。

□㊶ 音楽室のケン盤《ばん》楽器。
□㊷ 重要ジコウを伝える。
□㊸ 駅の出札《しゅっさつ》ガカリを務める。
□㊹ 悪者をトウバツする。
□㊺ 祖父とレンラクを取る。
□㊻ ルイセキ赤字を計算する。

言葉を集めよう

□㊼ 壁に絵をカザる。
□㊽ ヤワらかな日差し。
□㊾ 砂糖を湯でヨウカイする。
□㊿ 祖母のカイゴをする。
□51 仏像のニュウワな表情。
□52 トウメイなテープを使う。
□53 知識をタクワえる。
□54 アズキが入ったお菓子《かし》。
□55 ホドよいシャワーの温度。
□56 怒られてもスズしい顔だ。
□57 転校生をショウカイする。
□58 ソウショク品を身につける。
□59 時間の使い方をクフウする。
□60 スき通った海で魚を見る。
□61 日々の疲れがチクセキする。
□62 お茶を口にフクむ。
□63 解決はキワめて難しい。
□64 熱でバターがトける。
□65 ノウリョウ花火大会。
□66 問題点をホウガンする。
□67 ジュウドウの試合を見る。

2 次の□に漢字を入れて、類義語を作りなさい。

比喩で広がる言葉の世界

□① 大切 ＝ 重□
□② 豊富 ＝ 潤《じゅん》□

3 次の各文の中から、使い方の誤っている漢字を抜き出して上の（　）に書き、正しい漢字を下の（　）に書きなさい。

言葉1

□① 一生懸名勉強し、合格した。（　）→（　）
□② 左右対照の三角形を書く。（　）→（　）

言葉を集めよう

□③ 海外からの留学生を招介する。（　）→（　）
□④ 主人公の気持ちを相像する。（　）→（　）

4 次の□に入る語句を後から選び、ことわざを作りなさい。

詩の世界

□① 重箱の□をつつく
□② □りに船

渡　隅

基本ドリル 2

3 言葉に立ち止まる／読書生活を豊かに

解答 108ページ

学習日　／　／

1 ――線の漢字の読み方を書きなさい。

本の中の中学生

① 考え方の幅を広げる。
② 幅員がせまい道路。

あと少し、もう少し

③ 気合を入れて試合に臨む。
④ 彼はいつも優しい。
⑤ 暑さ寒さも彼岸まで。
⑥ 彼女とは家が近所だ。
⑦ 玄関《げんかん》でコートを脱ぐ。
⑧ 脱字に注意して書く。
⑨ 料理の腕を振るう。
⑩ 腕力にものを言わせる。
⑪ 大勢の人の前で気後れする。
⑫ 澄み切った森林の空気。
⑬ 一斉に走り出す。

西の魔女が死んだ

⑭ 魔女について本で調べる。
⑮ 長い髪が印象的な女性。
⑯ 散髪してさっぱりする。
⑰ 厳かな空気の教会。
⑱ 胴に手を回して支える。
⑲ 新しい靴を履く。
⑳ 活動の履歴を記す。
㉑ 核心をついた発言。
㉒ うわさを小耳に挟む。
㉓ 植木鉢に花を植える。
㉔ 棚から皿を出す。

ブラインドの向こうに見える光

㉕ 転んで擦り傷をつくる。
㉖ 擦過傷の手当てをする。
㉗ 暇な時間を有効に使う。
㉘ 休暇に帰省する。
㉙ 顧問の先生にほめられる。
㉚ 子供の頃《ころ》のことを顧みる。
㉛ 窓ガラスを磨き続ける。
㉜ 眼鏡のレンズを研磨する。

2 次の――線の語句の意味を後から選び、記号で答えなさい。

あと少し、もう少し

① 今年の冬は、ひときわ寒い。（　）
② 対戦相手の勢いに気後れしてしまった。（　）

ア 威厳《いげん》があり、重々しい様子。
イ 自信がもてず、弱気になること。
ウ ほかと比べて特に目立って。

確認ドリル 2

3 言葉に立ち止まる／読書生活を豊かに

解答 108ページ

学習日 ／ ／

1 次の片仮名を漢字で書きなさい。

本の中の中学生

□① ゼンプクの信頼を寄せる。
□② 校内でハバをきかせる。

あと少し、もう少し

□③ 親友のために一肌《ひとはだ》ヌぐ。
□④ イッセイにスタートする。
□⑤ カノジョの言葉を思い出す。
□⑥ 海にノゾんで立つ城。
□⑦ ヒガンに墓参りに行く。
□⑧ ウデを組んで考える。
□⑨ 水のスんだ小川。
□⑩ キオクれして話せない。
□⑪ 政治的シュワンを発揮する。
□⑫ カレとはよく話をする。
□⑬ チャクダツしやすい服。

西の魔女が死んだ

□⑭ マホウ使いが主人公の話。
□⑮ 夏はサンダルをハく。
□⑯ 主将をドウ上げする。
□⑰ オゴソかな式典。
□⑱ チームのカクとなって戦う。
□⑲ 知人とハチ合わせする。
□⑳ 美容室でサンパツする。
□㉑ 必要科目をリシュウする。
□㉒ 課題をタナ上げにする。
□㉓ カミの毛を短くする。
□㉔ ドアに手をハサむ。

ブラインドの向こうに見える光

□㉕ サッカショウを消毒する。
□㉖ 丁寧《ていねい》に歯をミガく。
□㉗ 手間ヒマかけて作り上げる。
□㉘ ふと背後をカエリみる。
□㉙ コートの裾《すそ》がスれる。
□㉚ ガラスをケンマする。
□㉛ キュウカを海外で過ごす。
□㉜ コモンに指導を受ける。

2 次の（　）に当てはまる語句を後から選び、漢字で書きなさい。

西の魔女が死んだ

□① 彼の（　　　）をついた意見に考えさせられた。
□② （　　　）の苦労が実り、夢を実現する。

かくしん　ながねん

4 心の動き

教科書 96▼124ページ

学習日 ／ ／

大人になれなかった弟たちに……

教科書 96▼105ページ

新出漢字

漢字	読み方	部首	画数	筆順	用例
襲 (P96)	シュウ おそう	衣 ころも	22画	音 䏍 能 龍 龍 襲	敵が**襲来**する。 空**襲**の話を聞く。 台風が日本を**襲う**。
爆 (P96)	バク	火 ひへん	19画	火 炉 焊 熐 爆 爆	勝利に喜びを**爆発**させる。 **爆風**で家の窓が割れる。 岩石を**爆破**する。
弾 (P96)	ダン ひく はずむ たま	弓 ゆみへん	12画	弓 弓 弬 弰 弹 弾	**爆弾**を落とされる。 ギターを**弾く**。 希望に胸が**弾む**。 鉄砲に**弾**を込める。
掘 (P96)	クツ ほる	扌 てへん	11画	扌 扫 护 折 掘 掘	石油を**採掘**する仕事。 化石を**発掘**する。 庭に井戸を**掘る**。

漢字	読み方	部首	画数	筆順	用例
薄 (P98)	ハク うすい うすめる うすまる うすらぐ うすれる	艹 くさかんむり	16画	艹 艹 菹 蒲 薄 薄	**薄情**な仕打ちを嘆《なげ》く。 **薄い**ピンク色の花びら。 水でお湯を**薄める**。 水を入れたので味が**薄まる**。 少しずつ痛みが**薄らぐ**。 次第《しだい》に興味が**薄れる**。
缶 (P98)	カン	缶 ほとぎ	6画	ノ 𠂉 二 午 缶 缶	**空き缶**はごみ箱に入れよう。 一**缶**だけミルクを買う。
菓 (P98)	カ	艹 くさかんむり	11画	艹 芇 苷 苴 革 菓	お**菓子**作りを習う。 **製菓**工場へ見学に行く。 茶《さ》**菓**でもてなす。
盗 (P98)	トウ ぬすむ	皿 さら	11画	冫 冫 次 咨 盗 盗	楽曲の**盗作**をとがめる。 **盗難防止**のため鍵をつける。 猫《ねこ》がミルクを**盗み**飲みする。
疎 (P99)	ソ (うとい) (うとむ)	𧾷 ひきへん	12画	了 𤴓 𤴔 䟽 踈 疎	田舎《いなか》に**疎開**する。 私は流行に**疎《うと》い**。 他人を**疎《うと》ま**ないようにする。
歳 (P99)	サイ セイ	止 とめる	13画	止 岸 岸 崇 歳 歳	十年の**歳月**が流れた。 弟が**四歳**になる。 お**歳暮**《ぼ》を贈《おく》る季節になる。
戚 (P99)	セキ	戈 ほこがまえ ほこづくり	11画	厂 厈 厏 戚 戚 戚	**親戚**が全員集まる。

P101	P101	P101	P101	P101	P102	P102	P103
渓	桃	覆	換	隣	乾	慮	撃
ケイ	トウ もも	フク おお**う** (くつがえ**す**) (くつがえ**る**)	カン か**える** か**わる**	リン とな**る** となり	カン かわ**く** かわ**かす**	リョ	ゲキ う**つ**
氵 さんずい	木 きへん	覀 おおいかんむり	扌 てへん	阝 こざとへん	乙 おつ おつにょう	心 こころ	手 て
氵 氵 氵 涇 浮 渓	木 朾 村 村 机 桃	覀 覀 覀 覀 覆 覆	扌 扌 扌 扌 揺 換	阝 阝 隣 隣 隣 隣	十 𠦝 卓 卓 乾 乾	⺊ ⺊ 广 虍 慮 慮	亘 車 軋 毄 撃 撃
11画	10画	18画	12画	16画	11画	15画	15画
渓流で釣《つ》りをする。雪**渓**を横切って登る。**渓谷**《こく》をさかのぼる。	**桃源郷**を夢みる。**桃**の花が咲く。かわいらしい**桃色**をした花。	**覆面**をした人に驚く。手で口を**覆う**。判決を**覆す**《くつがえ》証拠が見つかる。試合の判定が**覆る**《くつがえ》。	友人と雑誌を**交換**する。新しい部品に**換える**。宝石がお金に**換わる**。	**隣人**に挨拶《あいさつ》をする。家が**隣り合う**友人。**隣村**に母の実家がある。	ラジオの**乾電池**が切れる。唇《くちびる》が**乾く**。洗濯《せんたく》物を**乾かす**。	訪問を**遠慮**する。相手の都合を**考慮**する。温かい**配慮**に感謝する。	攻《せ》め入る敵を**撃退**する。敵地を**爆撃**する。標的を絞って**撃つ**。

特別な読み方をする語

99 田舎【いなか】

P103	P103	P103
杉	削	棺
すぎ	サク けず**る**	カン
木 きへん	刂 りっとう	木 きへん
一 十 木 木 杉 杉	丨 丨 ⺌ 肖 肖 削	木 木 杧 柠 棺 棺
7画	9画	12画
床《ゆか》を**杉板**で張る。**杉林**を保有する。	会社の経費を**削減**する。パソコンの記録を**削除**する。えんぴつを**削る**。	**出棺**前のお別れ。古代の**石棺**を発見する。**棺**に納める。

形に注意

疎

▼部首である「𤴔（ひきへん）」の部分を、「⻊」や「正」と書き誤らないようにする。中学校で学習する「ひきへん」の漢字は「疎」一語のみ。

使い分けに注意

弾

▼「ひ（く）」という同じ訓読みの漢字と使い分ける。

・弾く…楽器を演奏する。例ピアノを弾く。

・引く…物を近くに寄せる。例綱《つな》を引く。

換

▼「替《か》」（教科書224ページ）「変」「代」などと使い分ける。

・換…換算・変換。例日本円を外国のお金に換える。

・替…交替・代替。例内閣が替わる。

・変…変化・変更《へんこう》。例住所が変わる。

・代…代理・代表。例父に代わって行く。

重要な語句　◆は教科書中にある「注意する語句」

96ページ

◆3 **真っ最中**　あることが最も盛《さか》んに行われているとき。
関真っ赤　赤そのものであること。
関真っ暗　光が全くなく何も見えないこと。
関真っ先　先頭を切って。いちばんはじめに。

◆5 **おちおち**　（後に打ち消しの語がきて）ゆったりとしてはいられない、という意味を表す。
文仕事が忙《いそが》しくておちおち休む間もない。

98ページ

◆9 **とうてい**　（後に打ち消しの語がきて）どうやってみても……ない、という意味を表す。
文平泳ぎでは、彼にとうていかなわない。

11 **食いしん坊**　食べ物を見ると、いつでもなんでも欲しがる様子。また、そういう人。

15 **盗み飲み**　わからないように隠《かく》れて飲むこと。

99ページ

◆5 **はるばる**　遠くまで行ったり、遠くから来たりする様子。
文野生動物を追って、はるばるアフリカまで行く。

◆6 **……なり**　（ここでは）……するとすぐに。
文愛犬のシロは僕を見るなりしっぽを振り始めた。

14 **とりあえず**　（いくつかしなければならないことの中から）まずはじめに。さしあたって。
文必要なものだけ、とりあえず準備した。

17 **山あい**　山と山にはさまれた狭《せま》い土地。

101ページ

1 **渓　流**　谷川の流れ。谷川。

1 **山　路**　山の中にある道。

1 **かかる**　（ここでは）その場にちょうど来る。
文汽車がトンネルにかかる。

◆6 **胸を弾ませる**　喜びや興奮で心をわくわくさせる。
関胸が痛む　悲しみや心配でつらい思いをする。
関胸がいっぱいになる　喜びや悲しみなどを強く感じて、他のことは考えられなくなる。
関胸を打つ　非常に感動させられる。

7 **山すそ**　山の下のほうに広がった所。ふもと。

102ページ

8 **含ませる**　（ここでは）しみ込ませる。

9 **息をひきとる**　息が絶える。死ぬ。

14 **遠　慮**　（ここでは）したいことや言いたいことを控《ひか》えめにすること。
文父に遠慮して口に出さない。

16 **澄　む**　にごっていなくて清らかである。
文空気が澄んで、星がよく見える。

◆16 **独　特**　そのものだけが特別にもっている様子。類特有
文独特の色合いが、彼女の絵の特徴だ。

103ページ

◆3 **みとる**　（ここでは）病人のそばについて、世話をする。

12 **とうとう**　ついに。結局。
文難所をいくつも登って、とうとう山頂に着いた。

◆16 **ひもじい**　とてもおなかがすいている様子。

星の花が降るころに

教科書 106▼115 ページ

新出漢字

漢字	読み方	部首	画数	筆順	用例
P106 押	(オウ) おす おさえる	扌 てへん	8画	扌 扌 扣 扣 押 押	書類に署名して**押印**《おういん》する。電源ボタンを**押す**。目頭を**押さえる**。
P106 俺	おれ	亻 にんべん	10画	亻 仁 伶 佫 俺 俺	**俺**には妹がいる。**俺**とお前は中学生だ。**俺**たちはサッカー仲間だ。
P107 塾	ジュク	土 つち	14画	亠 享 孰 孰 孰 塾	**塾**の宿題を済ます。**学習塾**を経営する。**私塾**を開く。
P107 輩	ハイ	車 くるま	15画	丿 ヨ 非 非 輩 輩	歴史的人物を**輩出**する。**先輩**を尊敬する。**同輩**と食事に行く。
P107 廊	ロウ	广 まだれ	12画	广 庐 庐 廊 廊 廊	**廊下**は走らないように。**回廊**が建物を囲む。**画廊**で絵画を買う。
P107 眺	チョウ ながめる	目 めへん	11画	目 目 則 眺 眺 眺	**眺望**がよい展望台に登る。遠くの景色を**眺める**。**眺め**がよい部屋に泊《と》まる。
P108 挑	チョウ いどむ	扌 てへん	9画	扌 扌 扌 扎 挑 挑	新記録に**挑戦**する。敵を**挑発**する。体力の限界に**挑む**。

漢字	読み方	部首	画数	筆順	用例
P108 誘	ユウ さそう	言 ごんべん	14画	言 訁 訂 誘 誘 誘	生徒を体育館に**誘導**する。野球部に**勧誘**《かん》する。友人を食事に**誘う**。
P109 騒	ソウ さわぐ	馬 うまへん	18画	馬 馬 騒 騒 騒	車の**騒音**に悩まされる。都会の**騒々**しさから離れる。新発見に**大騒ぎ**する。
P109 唇	(シン) くちびる	口 くち	10画	厂 戸 辰 辰 辰 唇	パやマは**唇音**《しんおん》だ。**唇**をとがらせる。
P109 駆	ク かける かる	馬 うまへん	14画	馬 馬 馬 駆 駆	害虫を**駆除**する。子供に**駆け**寄る。草原に馬を**駆る**。
P109 遅	チ おくれる おくらす おそい	辶 しんにょう しんにゅう	12画	尸 尸 居 犀 遅 遅	待ち合わせに**遅刻**する。約束の時間に**遅れる**。試験の開始を**遅らせる**。例年より開花が**遅い**。
P109 魂	コン たましい	鬼 おに	14画	云 动 动 魂 魂 魂	**商魂**がたくましい。**入魂**の作品が完成する。**魂**を込めて作り上げる。
P110 憎	ゾウ にくむ にくい にくらしい にくしみ	忄 りっしんべん	14画	忄 忄 怡 憎 憎 憎	**愛憎**の念が入り混じる。罪を**憎ん**で人を**憎ま**ず。**心憎い**演出を楽しむ。**憎らしい**せりふを言う。**憎しみ**の気持ちが消える。
P110 陰	イン かげ かげる	阝 こざとへん	11画	阝 阝 阝 険 陰 陰	**陰気**な印象の店。**日陰**で少し休む。日が**陰り**暗くなる。

ページ	漢字	読み	部首	画数	筆順	用例
P111	拭	（ショク）・ふく・ぬぐう	扌 てへん	9画	扌 扌 扌 扗 拭 拭	迷いを払拭《ふっしょく》する。タオルで手を拭く。顔の汗《あせ》を拭う。
P112	涙	ルイ・なみだ	氵 さんずい	10画	氵 氵 沪 沪 涙	悲しみのあまり落涙する。ハンカチで涙を押さえる。年をとって涙もろくなった。
P112	刈	かる	刂 りっとう	4画	ノ メ 刈 刈	庭の雑草を刈り込む。稲《いね》刈りを手伝う。
P112	丈	ジョウ・たけ	一 いち	3画	一 ナ 丈	気丈にふるまう。姉に任せれば大丈夫だ。スカートの丈を直す。
P112	掃	ソウ・はく	扌 てへん	11画	扌 扫 扫 掃 掃 掃	走者一掃のヒットを打つ。教室の掃除《じ》を担当する。庭をほうきで掃く。
P112	厄	ヤク	厂 がんだれ	4画	一 厂 厄 厄	厄年を迎《むか》える。親類が災厄に見舞《みま》われる。厄介な事件を解決する。
P113	帽	ボウ	巾 はばへん きんべん	12画	巾 帄 帽 帽 帽 帽	帽子を深くかぶる。新しい制帽が支給される。友の根気強さに脱《だつ》帽する。
P113	抱	ホウ・だく・いだく・かかえる	扌 てへん	8画	扌 扌 扚 抅 抱 抱	新年の抱負を語る。子犬を胸に抱く。彼の行動に疑問を抱く。難しい問題に頭を抱える。

新出音訓（□は新しく習う読み方）

漢字	読み方	用例
P108 香	[コウ]・（キョウ）・か・かおり・かおる	香水をつけて出かける。
P109 背	ハイ・せ・せい・[そむく]・[そむける]	親の言いつけに背く。痛々しさに目を背ける。
P109 貧	[ヒン]・ビン・まずしい	貧血で気分が悪くなる。
P110 探	タン・[さぐる]・さがす	相手チームの弱点を探る。
P112 除	ジョ・[ジ]・のぞく	部屋の掃除をする。

使い分けに注意

押　抑

▼「押さえる」「抑える」の使い分けに注意する。また、送り仮名の違いにも注意する。

・押さえる…力を入れて動かないようにする。
例 ドアを押さえる。

・抑える　…がまんする。こらえる。
例 涙を抑える。

書き誤りに注意

厄　帽

▼中の形を「己」と書き誤りやすい。形をしっかり覚えよう。

▼右下の「目」の部分を「日」と書き誤りやすいので注意しよう。

重要な語句

◆は教科書中にある「注意する語句」

106ページ

1 **甘い** （ここでは）香りが快く、うっとりとさせる感じ。

107ページ

4 **じゃれ合う** ふざけてまとわりつきながら遊ぶ。

◆5 **高じる** 加減や具合がますますひどくなる。
文 かぜが高じて肺炎《はいえん》になった。

10 **からむ** （ここでは）まといつき、離れない。

108ページ

◆3 **誤解** 間違って思い込むこと。思い違い。
文 言葉が足りず、誤解を与えてしまった。

◆3 **意地を張る** 自分の考えを押し通そうとする。
文 いつまでも意地を張って謝らない。

◆14 **なだめる** 緊張や不安などをやわらげ、落ち着かせる。
文 泣いている妹をなだめる。

15 **ぎこちない** 言葉や動作などが、ぎくしゃくして不自然な様子。
文 初対面で緊張し、あいさつがぎこちない。

109ページ

◆1 **とまどう** 急な出来事にどうしてよいかわからず迷う。
文 急に呼び止められてとまどう。

◆6 **きまりが悪い** なんとなく恥《は》ずかしくて、気まずい。
文 知らない人に手を振ってしまい、きまりが悪い。

6 **はじく** はねとばす。はね返す。

110ページ

◆2 **繊《せん》細《さい》** ちょっとしたことにも感じやすい様子。
文 妹は繊細な心の持ち主なので、傷つきやすい。

5 **八つ当たり** 自分に関係のない人にまで、怒りちらすこと。

13 **黙々** 黙って一生懸命に物事をする様子。

◆17 **輪《りん》郭《かく》** （ここでは）目や鼻の形や位置のこと。

111ページ

◆5 **なじむ** （ここでは）慣れて親しみ、しっくりくる。
文 転校生がクラスになじむ。

◆17 **意外** 思っていたことと本当のことが違う様子。類 案外
文 怖そうな近所のおじさんは、意外にも優《やさ》しかった。

112ページ

◆6 **にじむ** （ここでは）汗《あせ》や涙などが表面にしみ出てくる。
文 額に汗がにじむ。

113ページ

◆1 **首をかしげる** 理解できず疑問に思う。
関 首を縦に振る 賛成する。うん、と言う。
関 首を横に振る 反対する。いいえ、と言う。
関 首をひねる 納得《なっとく》できずに考え込む。

◆8 **またたく** （ここでは）遠くの光が見えたり見えなくなったりして、点滅《てんめつ》する。
文 街のあかりが、きらきらとまたたく。

11 **あせる** 色がうすくなる。つやがなくなる。
文 日光に当たり、看板の文字があせる。

項目を立てて書こう

教科書 118▼119ページ

特別な読み方をする語

119 **心地**【ここち】

言葉2 方言と共通語

教科書 121▼122 ページ

新出漢字

漢字	読み方	部首	画数	筆順	用例
P122 猫	（ビョウ） ねこ	犭 けものへん	11画	ノ 犭 犷 猎 猫 猫	母は愛猫家《あいびょうか》だ。 猫を二匹飼っている。 子供のころから猫舌だ。
P122 即	ソク	卩 ふしづくり わりふ	7画	㇕ ヨ 艮 艮 即 即	実情に即した対策。 即日開票の結果が出る。 即刻、中止命令が出る。
P122 互	ゴ たがい	二 に	4画	一 工 互 互	彼とは互角の勝負だ。 石を交互に並べる。 友人と互いに助け合う。
P122 及	キュウ およぶ および およぼす	ノ はらいぼう の	3画	ノ 乃 及	インターネットが普及する。 工事期間が十年に及ぶ。 国語及び英語の試験。 周囲によい影響を及ぼす人。
P122 滑	カツ コツ すべる なめらか	氵 さんずい	13画	氵 氵 汩 汩 滑 滑	会議が円滑に進む。 ピエロが滑稽な演技をする。 氷の上を滑る。 滑らかな動きで踊《おど》る。
P122 湿	シツ しめる しめす	氵 さんずい	12画	氵 泪 湿 湿 湿 湿	雨季は湿気がひどい。 湿り気のある土。 お茶で喉《のど》を湿す。

漢字	読み方	部首	画数	筆順	用例
P122 繊	セン	糸 いとへん	17画	糸 紝 繊 繊 繊	感受性が強く繊細な人。 天然の繊維で作る。 化繊を混ぜた糸で織る。
P122 遣	ケン つかう つかわす	辶 しんにょう しんにゅう	13画	中 虫 胄 胄 書 遣	海外の支店に派遣される。 演者の息遣いを感じる。 他国に使者を遣わす。
P122 継	ケイ つぐ	糸 いとへん	13画	糸 糸 紗 絆 継 継	継続は力なり。 社長の後継者を選出する。 伝統を受け継ぐ。

筆順に注意

及

▼一画目は、部首である「ノ（はらいぼう・の）」。「㇋」の部分はひと続きで書くことにも注意する。総画数は三画。

読みに注意

滑

▼「滑」には四つの読みがあるので使い分けに注意する。「コツ」は秩序《ちつじょ》を乱すという意味で、「滑稽」に使われる。

書き誤りに注意

遣

▼「遣」や「違」と形が似ているので、書き誤りやすい。形をしっかり覚えよう。

重要な語句

122ページ

上6 風土　その土地の気候・地形・水質・地質などの状態。

上6 根ざす　（ここでは）原因となる。それにもとづく。
上7……即する　ぴったりと合う。

漢字2　漢字の音訓

教科書 123▼124 ページ

新出漢字

漢字	読み方	部首	画数	筆順	用例
P123 幾	キ いく	幺 いとがしら	12画	幺 幺幺 丝丝 丝丝 幾 幾	**幾**何《か》学の研究を行う。 **幾つ**かの例を挙げる。 **幾**日も雨が降る。
P124 巧	コウ たくみ	エ たくみへん	5画	一 T エ エ 巧	**巧**者な手口に驚く。 技**巧**をこらした彫像。 言葉**巧み**に味方を増やす。
P124 遮	シャ さえぎる	辶 しんにょう しんにゅう	14画	广 庐 庐 庐 庶 遮	カーテンで**遮**光する。 雑音を**遮**断し集中する。 強い日差しを**遮る**。
P124 企	キ くわだてる	人 ひとやね	6画	ノ 人 个 个 企 企	秋祭りを**企**画する。 **企**業意識を高める。 世界一周旅行を**企てる**。

新出音訓（□は新しく習う読み方）

漢字	読み方	用例
P124 有	ユウ・[ウ] ある	商品の**有**無を確認する。
P124 砂	サ・[シャ] すな	土**砂**が積もってできた地形。
P124 盛	[セイ]・（ジョウ） もる・さかる・さかん	**盛**夏に川で遊ぶ。
P124 夏	カ・[ゲ] なつ	**夏**至を迎《むか》える。
P124 相	ソウ・[ショウ] あい	ドイツの首**相**が来日する。
P124 己	コ・[キ] おのれ	多くの知**己**に出会う。
P124 街	ガイ・[カイ] まち	歴史ある**街**道を進む。
P124 泣	[キュウ] なく	映画に感動して号**泣**する。
P124 申	[シン] もうす	学校に現住所を**申**告する。
P124 望	ボウ・[モウ] のぞむ	所**望**の品が届く。

覚えておこう

▼同じ漢字を使った熟語で、二通りの読み方をするものには、次のようなものがある。意味の違いを知り、使い分けよう。

・人気 { ニンキ…みんなの評判。 例人気のある選手。
　　　 { ひとけ…人がいる気配。 例人気のない山奥。
・寒気 { カンキ…寒さやその強さ。 例寒気がゆるむ。
　　　 { さむけ…嫌な寒さを感じること。 例寒気がする。
・大勢 { タイセイ…大体の様子。 例試合の大勢が決まる。
　　　 { おおぜい…たくさんの人。 例大勢の人が参加する。

基本ドリル 1

④ 心の動き

解答 109ページ

学習日 ／ ／

1 ――線の漢字の読み方を書きなさい。

大人になれなかった弟たちに……

① 空襲で家が焼けた。
② 寒波が日本列島を襲う。
③ 戦時中の爆弾を展示する。
④ ピアノを弾く。
⑤ ボールがよく弾む。
⑥ 鉄砲に弾をつめる。
⑦ 地面に穴を掘る。
⑧ ダイヤの原石を採掘する。
⑨ 味の薄い食事を好む。
⑩ 彼は薄情な人だ。
⑪ 一缶のミルクを買う。
⑫ お菓子を手作りする。
⑬ 盗み飲みを注意する。
⑭ 盗作の疑いのある作品。
⑮ 児童が疎開する。
⑯ 弟はもうすぐ四歳だ。
⑰ お歳暮《ぼ》のシーズンが来た。
⑱ 親戚の家に遊びに行く。
⑲ 田舎に移り住む。
⑳ 渓流で釣《つ》りをする。
㉑ 桃の木を育てる。
㉒ 桃源郷を探し求める。
㉓ 雪がすっかり山を覆う。
㉔ 覆面レスラーを応援《おうえん》する。
㉕ 新しい部品に交換する。
㉖ 部屋の空気を換える。
㉗ 隣村まで歩いていく。
㉘ 隣人をパーティーに招く。
㉙ 隣り合って座る。
㉚ 洗ったシャツが乾く。
㉛ 乾電池を新しくする。
㉜ 遠慮せずに意見を言う。
㉝ 敵の爆撃を受ける。
㉞ 標的に向かって撃つ。
㉟ 杉板を使った家具。
㊱ 歯医者が虫歯を削る。
㊲ 予算が削減される。
㊳ 死者を棺に納める。

星の花が降るころに〈1〉

㊴ 停止ボタンを押す。
㊵ 俺とお前は友達だ。
㊶ 塾で勉強に励《はげ》む。
㊷ 先輩に指導を受ける。
㊸ 廊下で友とすれ違う。
㊹ 美しい景色を眺める。

□㊺ 眺望のよい高台に住む。
□㊻ 難しい問題に挑戦する。
□㊼ 世界記録に挑む。
□㊽ 姉は香水をつけている。
□㊾ 友達を図書館に誘う。
□㊿ 安全な場所に誘導する。
□51 失敗から目を背ける。
□52 外の騒々しさで眠《ねむ》れない。
□53 妹が迷子になり大騒ぎする。
□54 悔しくて唇をかむ。
□55 友達のもとに駆け寄る。
□56 業者に害虫の駆除を頼む。
□57 鉄分は貧血に効果的だ。
□58 遅い時間まで勉強する。
□59 遅刻をしない。
□60 待ち合わせに遅れる。

㊺	㊼	㊾	51	53	55	57	59
㊻	㊽	㊿	52	54	56	58	60

2 次の語句を使って短文を作りなさい。

大人になれなかった弟たちに……

□① とうてい
（　　　　）

星の花が降るころに〈1〉

□② とまどう
（　　　　）

3 次の（　）に当てはまる語句を後から選び、書き入れなさい。

大人になれなかった弟たちに……

□① 病床《びょうしょう》の祖父を（　　）。
□② 大きなクモの巣を（　　）。
□③ 険しい山路に（　　）。

星の花が降るころに〈1〉

□④ 日に当たって、写真の色が（　　）。
□⑤ 相手チームの弱みを（　　）。

あせる　かかる　みとる　はらう　にぎる

4 次の（　）に当てはまる漢字を下から選び、書き入れなさい。

大人になれなかった弟たちに……

□① 庭に穴を（　　）る。【掘・彫】
□② 生まれて（　　）めて訪れる場所。【始・初】
□③ 製（　　）工場で作られるクッキー。【果・菓】

星の花が降るころに〈1〉

□④ （　　）いお茶を飲んで休む。【熱・暑】

確認ドリル 1

④ 心の動き

解答 109ページ

学習日　／　／

1 次の片仮名を漢字で書きなさい。

大人になれなかった弟たちに……

① ギターをヒくのが好きだ。
② 化石をハックツする。
③ 空きカンを分別する。
④ バスから電車に乗りカえる。
⑤ 意志がハクジャクな人。
⑥ 相手の立場をコウリョする。
⑦ 家族と離れてソカイする。
⑧ 物をヌスんではいけない。
⑨ 船がテンプクする。
⑩ 今年もおセイ暮《ぼ》が届いた。
⑪ スギバヤシを整備する。
⑫ ケイリュウ下りを楽しむ。
⑬ モモイロの折り紙を選ぶ。
⑭ 台風のシュウライに備える。
⑮ 山をケズって道路を作る。
⑯ トナリ合った人と組を作る。
⑰ 思い出話がハズむ。
⑱ 三時におカシを食べる。
⑲ ぬれた靴がカワく。
⑳ シンセキに会いに行く。
㉑ 犬が庭の土をホる。
㉒ 幼い時イナカで育った。
㉓ 不満がバクハツする。
㉔ 遺体をノウカンする。
㉕ ウスい上着をはおる。
㉖ シーツをコウカンする。
㉗ トウナンの被害《ひがい》にあう。
㉘ テーブルを布でオオう。
㉙ 甘いハクトウが実る。
㉚ 不安な気持ちにオソわれる。
㉛ 雨季とカンキに分かれる。
㉜ おもちゃの鉄砲のタマ。
㉝ 事故をモクゲキする。
㉞ 銃《じゅう》で的をウつ。
㉟ 今年で十五サイになる。
㊱ 駅にリンセツした高層ビル。
㊲ ダンリョク性のある素材。
㊳ トナリ町まで散歩する。
㊴ 文字をサクジョする。

星の花が降るころに〈1〉

㊵ 寒さでクチビルが荒れる。
㊶ チョウハツには乗らない。
㊷ 畑の害虫をクジョする。
㊸ ヒンケツでめまいがする。

□㊹ ガロウで絵画を鑑賞《かんしょう》する。
□㊺ オソい車を追い越す。
□㊻ 素晴らしいチョウボウ。
□㊼ 町中がソウゼンとする。
□㊽ 牧場を馬がカける。
□㊾ 教室がオオサワぎだった。
□㊿ 試合開始がオクれる。
□51 見物客をユウドウする。
□52 照れて顔をソムける。
□53 「オレ」とは自分のこと。
□54 強敵との試合にイドむ。
□55 服にコウスイをつける。
□56 英語のジュクを開く。
□57 電車がチエンする。
□58 人材をハイシュツする。
□59 ゆっくり絵をナガめる。
□60 要点をオさえる。
□61 料理の匂《にお》いにサソわれる。

㊹	㊺
㊻	㊼
㊽	㊾
㊿	51
52	53
54	55
56	57
58	59
60	61

2 次の語句が対義語の関係になるように、□に漢字を書き入れなさい。

大人になれなかった弟たちに……

□① 戦争 ↕ 平□

□② 病気 ↕ 健□

星の花が降るころに〈1〉

□③ 得意 ↕ □手

□④ 拾う ↕ □てる

3 次の各文の中から、使い方の誤っている漢字を抜き出して上の（ ）に書き、正しい漢字を下の（ ）に書きなさい。

大人になれなかった弟たちに……

□① 過祖化が深刻な村。（ ）→（ ）

□② プロレスラーが復面を脱ぐ。（ ）→（ ）

□③ 青く済んだ空を見上げる。（ ）→（ ）

星の花が降るころに〈1〉

□④ 外出時の格行を気にする。（ ）→（ ）

□⑤ 発言が誤会を招く。（ ）→（ ）

□⑥ 夏の日指しが照りつける。（ ）→（ ）

4 次の□に縦横ともに一つの熟語になるよう、漢字を入れなさい。

大人になれなかった弟たちに……

□① 独↓ □ ↓技　有← □ →別

□② 変↓ □ ↓気　転→ □ →算

基本ドリル 2

④ 心の動き

解答 109ページ

学習日 ／ ／

1 ――線の漢字の読み方を書きなさい。

星の花が降るころに〈2〉

□① 魂が抜けたようになる。
□② 商魂たくましい人。
□③ ポケットの中を探る。
□④ 憎らしい口のききかた。
□⑤ 愛憎を描いた小説を読む。
□⑥ 日陰に入って休む。
□⑦ 日が陰り雨が降る。
□⑧ 陰気な性格を直す。
□⑨ ぞうきんで床《ゆか》を拭く。
□⑩ タオルで汗《あせ》を拭う。
□⑪ 花粉症《かふんしょう》で涙が出る。
□⑫ 喜びのあまり落涙する。
□⑬ 草を刈り込む。
□⑭ 大丈夫だと思う。
□⑮ ズボンの丈を直す。
□⑯ 庭の掃除をする。
□⑰ 部屋をほうきで掃く。
□⑱ 厄介な話を持ち込む。
□⑲ 黄色い帽子をかぶる。
□⑳ 両手でかばんを抱える。
□㉑ 新年の抱負を述べる。
□㉒ 妹を抱きとめる。
□㉓ 大きな夢を抱く。

項目を立てて書こう

□㉔ 心地よい音楽が流れる。

言葉2

□㉕ 猫とたわむれる。
□㉖ 現状に即した解決策。
□㉗ 互いに知恵を出し合う。
□㉘ 右と左を交互に見る。
□㉙ 携帯《けいたい》電話が普及する。
□㉚ 三時間にも及ぶ議論。
□㉛ 円滑に事が運ぶ。
□㉜ 滑稽な風刺《ふうし》画。
□㉝ スキーで雪山を滑る。
□㉞ 滑らかな話しぶり。
□㉟ 湿り気を帯びた空気。
□㊱ 梅雨《つゆ》の時期は湿気が多い。
□㊲ 繊細なガラスの食器。
□㊳ 息遣いが荒い。
□㊴ 社員を支所に派遣する。
□㊵ 伝統の技を受け継ぐ。
□㊶ トレーニングを継続する。

漢字2

□㊷ 店を幾つか経営している。
□㊸ 幾何《か》学に興味をもつ。
□㊹ 経験の有無を尋《たず》ねる。
□㊺ 土砂が積もってできた地形。
□㊻ 「盛夏の候」と書く。
□㊼ 夏至を過ぎる。
□㊽ 首相の演説を聞く。
□㊾ あの方は僕の知己だ。
□㊿ 街道に近い宿。
□51 卒業式で号泣する。
□52 記録を申告する。
□53 茶を一服所望する。
□54 細部にまで技巧をこらす。
□55 巧みな技に感心する。
□56 騒音を遮断する。
□57 障害物が行く手を遮る。
□58 交流会を企画する。
□59 よからぬことを企てる。

2 次の語句の類義語を下から選び、記号で答えなさい。

星の花が降るころに〈2〉

□① 意外＝（　　）{ア 案外 イ 意図}
□② 丈夫＝（　　）{ア 身丈 イ 元気}

漢字2

□③ 知己＝（　　）{ア 自己 イ 親友}
□④ 所望＝（　　）{ア 希望 イ 展望}

3 〈　〉の意味の語になるように、□に当てはまる漢字を後から選び、書き入れなさい。

星の花が降るころに〈2〉

□① □つ当たりする。〈関係のない人にまで、怒りちらす。〉
□② □をかしげる。〈理解できず疑問に思う。〉

胸　耳　七　八　首

4 次の——線の漢字の読み方を書きなさい。

漢字2

□① (1) 時間を上手に使う。 (2) 世間の注目を浴びる。
□② (1) 学力が向上する。 (2) マラソンで力走した。
□③ (1) 有害な化学物質。 (2) 商品の有無を確認する。
□④ (1) 先生に相談する。 (2) 首相が会見を開く。
□⑤ (1) 所得を申告する。 (2) 立候補を申し出る。
□⑥ (1) 水を所望する。 (2) 子どもの幸せを望む。
□⑦ (1) 遮光カーテンをつける。 (2) 弟の話を遮る。

確認ドリル 2　④ 心の動き

解答 109ページ

学習日　／　／

1 次の片仮名を漢字で書きなさい。

星の花が降るころに〈2〉

□① ナミダの跡を隠《かく》す。
□② 一年のホウフを述べる。
□③ 部屋をソウジする。
□④ 田のいねをカる。
□⑤ 大志をイダく。
□⑥ 服をカゲ干しする。
□⑦ 作者ニュウコンの作品。
□⑧ 相手の動向をサグる。
□⑨ 赤ちゃんをダく。
□⑩ ハンカチで汗《あせ》をヌグう。
□⑪ 暗くインキな部屋。
□⑫ カンルイにむせぶ。
□⑬ 悪の横行をニクむ。
□⑭ 父はヤクドシだ。
□⑮ 去年よりセタケが伸びる。
□⑯ 公園の落ち葉をハく。
□⑰ タマシイの込《こ》もった絵。
□⑱ 多くの人材をカカえる。
□⑲ 立派な意見に脱ボウする。
□⑳ ジョウブな小屋を建てる。
□㉑ 日がカゲる。
□㉒ アイゾウを描いたドラマ。
□㉓ コップをふきんでフく。

項目を立てて書こう

□㉔ ココチよい眠《ねむ》りにつく。

言葉2

□㉕ 家の仕事をツぐ。
□㉖ そりでスベって遊ぶ。
□㉗ 世界中に被害《ひがい》をオヨぼす。
□㉘ 実状にソクして考える。
□㉙ 国の責任をツイキュウする。
□㉚ 敵とゴカクに戦う。
□㉛ 水で喉《のど》をシメす。
□㉜ 言葉ヅカいを正す。
□㉝ コッケイなしぐさをする。
□㉞ 衛星チュウケイで見る。
□㉟ 高温タシツな気候。
□㊱ コネコにミルクを与える。
□㊲ センサイな感覚。
□㊳ ナメらかな床《ゆか》を歩く。
□㊴ 記者をハケンする。
□㊵ タガいに紹介し合う。
□㊶ 翼《つばさ》を広げてカックウする。

① ② ③ ④ ⑤ ⑥ ⑦ ⑧ ⑨ ⑩ ⑪ ⑫ ⑬ ⑭ ⑮ ⑯ ⑰ ⑱ ⑲ ⑳ ㉑ ㉒ ㉓ ㉔ ㉕ ㉖ ㉗ ㉘ ㉙ ㉚ ㉛ ㉜ ㉝ ㉞ ㉟ ㊱ ㊲ ㊳ ㊴ ㊵ ㊶

漢字2

□㊷ 在庫のウムを調べる。
□㊸ キ何《か》学の問題に取り組む。
□㊹ 話を途中《とちゅう》でサエギる。
□㊺ いたずらをクワダてる。
□㊻ 彼とは二十年来のチキだ。
□㊼ セイコウな作りの作品。
□㊽ 人前でゴウキュウする。
□㊾ セイカの候。
□㊿ 朝夕はイクブン涼しい。
□51 日光《にっこう》カイドウを北へ歩く。
□52 ヨーロッパのゲシの祭り。
□53 一杯《いっぱい》の水をショモウする。
□54 ドシャ降りの中を帰る。
□55 タクみな説明をする。
□56 輸送経路がシャダンされる。
□57 各国のシュショウが訪れる。
□58 大キギョウの社長になる。
□59 今年の収入をシンコクする。

㊷	㊹	㊻	㊽	㊿	52	54	56	58
㊸	㊺	㊼	㊾	51	53	55	57	59

2 次の――線に当てはまる漢字を下から選び、書きなさい。

星の花が降るころに〈2〉

□① けが人を介ほうする。　【包・胞・抱】（　　）

言葉2

□② ごみ問題に言きゅうする。　【求・及・究】（　　）

3 次の□に共通して入る、複数の訓をもつ漢字を書きなさい。

言葉2

□① (1) □らかな肌《はだ》ざわりの布。
(2) うっかり口を□らせてしまった。（　　）

漢字2

□② (1) あの人とは非常に親しい□柄だ。
(2) 敵が□近に迫る。（　　）

□③ (1) 窓の□はもう暗くなっている。
(2) 思いの□、簡単な問題だった。
(3) シュートはゴールを大きく□れた。（　　）

□④ (1) 宿題には□く手を付けていない。
(2) 夏休みの宿題は□て終わった。（　　）

4 次の熟語の読み方を二通り書きなさい。

漢字2

□① 年月（　　）（　　）
□② 見物（　　）（　　）
□③ 分別（　　）（　　）
□④ 色紙（　　）（　　）
□⑤ 大勢（　　）（　　）
□⑥ 人気（　　）（　　）

5 筋道を立てて

「言葉」をもつ鳥、シジュウカラ

教科書 126▼135 ページ

新出漢字

ページ	漢字	読み方	部首	画数	筆順	用例
P126	頃	ころ	頁 おおがい	11画	ヒ ビ 圻 頃 頃	毎朝七時**頃**起きる。 日**頃**から体を鍛《きた》えている。 **頃合い**を見て質問する。
P126	〈頬〉頰	ほお	頁 おおがい	15画	一 ㄇ 夾 頬 頰	**頰**をほころばす。 すしを**頰張る**。 兄は**頰骨**が出ている。
P127	繁	ハン	糸 いと	16画	毎 敏 繁	町が**繁栄**し活気が出る。 **繁雑**な仕事に手間取る。 図書館に頻《ひん》**繁**に通う。
P127	殖	ショク ふえる ふやす	歹 がつへん かばねへん	12画	歹 歽 殖 殖	タカが**繁殖**期をむかえる。 野生の鹿が**殖える**。 堅実《けんじつ》に財産を**殖やす**。
P127	餌	(ジ) えさ え	𩙿 しょくへん	14画	食 飠 餌 餌	家畜《かちく》に給**餌**《きゅうじ》する機械。 小鳥に**餌**を与える。 野生のリスを**餌付け**する。
P127	威	イ	女 おんな	9画	ノ 厂 反 威 威	父の態度は**威厳**がある。 **威勢**のよい返事をする。 エアコンが**威力**を発揮する。

教科書 126▼152 ページ

ページ	漢字	読み方	部首	画数	筆順	用例
P127	嚇	カク	口 くちへん	17画	口 吐 哧 嚇 嚇	敵を大声で**威嚇**する。
P128	析	セキ	木 きへん	8画	十 木 析 析	集めたデータを**解析**する。 性格を**分析**するテスト。
P128	戒	カイ いましめる	戈 ほこがまえ ほこづくり	7画	一 二 开 戒 戒	社長が**訓戒**を垂れる。 犬がこちらを**警戒**する。 安易な軽口を**戒める**。
P128	況	キョウ	氵 さんずい	8画	氵 沪 況	**近況**を手紙で知らせる。 詳《くわ》しい**状況**を尋《たず》ねる。 野球の**実況放送**が流れる。
P128	舞	ブ まう まい	舛 まいあし	15画	無 舞 舞	**舞台**に立ち演技する。 堂々と**振る舞う**。 能の**舞**を披露《ひろう》する。
P128	詳	ショウ くわしい	言 ごんべん	13画	言 詳 詳	事件の**詳細**を調べる。 **作者不詳**の絵画。 **詳しい**話を聞く。
P130	払	(フツ) はらう	扌 てへん	5画	一 十 扌 払 払	あらぬ疑いを**払**拭《ふっしょく》する。 虫を**追い払う**。 **支払い**を済ます。
P130	誰	だれ	言 ごんべん	15画	言 訃 誰 誰	教室に**誰**もいない。 この本は**誰**のものですか。

学習日 ／ ／

漢字	読み	部首	画数	筆順	用例
P132 釈	シャク	釆 のごめへん	11画	ノ 平 釆 釈 釈 釈	原液を水で希**釈**する。**釈**然としない気持ち。解**釈**の違いで誤解が生じる。
P133 脅	キョウ （おびや**かす**） おど**す** おど**かす**	月 にくづき	10画	フ カ 劦 脅 脅	地震《じしん》は自然の**脅**威である。健康を**脅**《おびや》**かす**環境《かんきょう》汚染。大きな声で相手を**脅す**。友人を後ろから**脅かす**。
P133 獲	カク え**る**	犭 けものへん	16画	ノ 犭 犭 猎 獲 獲	賞金を**獲**得する。漁**獲**高が上がる。**獲**物を追いつめる。
P133 了	リョウ	亅 はねぼう	2画	フ 了	試合終**了**の笛が鳴る。作者の**了**承を得て発表する。演技に魅**了**される。

新出音訓 （□は新しく習う読み方）

漢字	読み方	用例
P133 盛	セイ・（ジョウ） も**る**・さか**る**・さか**ん**	春になり花の**盛り**となる。国内産業が**盛ん**になる。

書き誤りに注意

頃

▼「ヒ」の部分を「エ」や「丁」などと書き誤らないようにする。「頃」「項」「頂」ともに部首は「頁（おおがい）」。形をしっかり覚えよう。

・頃…例子供の頃・日頃
・項…例項目・要項
・頂…例頂上・頂点

部首に注意

釈

▼部首は「釆（のごめへん）」。似た形に、「彩」（↓2年）の左側の部分「采」がある。書き誤らないように、区別して覚える。

獲

▼部首は、「犭（けものへん）」。同じ「カク」という音をもち、形も似ている「穫」（教科書229ページ）と区別して覚える。

使い分けに注意

殖

▼同じものが加わるなどして数や量が多くなる場合は、一般《いっぱん》的に「増える」を使うが、特に、財産が多くなるときや、生物が生まれるなどで多くなる場合は「殖える」を使う。対義語は「減る」で同じ。

・増…例住人が増える。利益を増やす。
・殖…例細胞が殖える。財産を殖やす。

脅

▼「脅威」「驚異」はともに「きょうい」と読む同音異義語。文例を覚えて、正しく使い分ける。

・脅威…恐《おそ》れさせること。例戦争の脅威。
・驚異…驚くほどすばらしいこと。例驚異の大自然。

重要な語句

◆は教科書中にある「注意する語句」

126ページ

◆5 **分布** あちこちに広く分かれて存在すること。
◆7 **耳を澄ます** 神経を集中して、声や音を聞こうとする。文秋の虫の声に耳を澄ます。

127ページ

4うろ　中が空洞《くうどう》になっている所。

6つがい　（ここでは）動物の雌《めす》と雄《おす》の一対。

8とある　たまたま行き着いた場所や日時を指す。
文散歩中、とある店に立ち寄った。

◆**11転機**　ある状態から他の状態に移り変わるきっかけ。
文先生との出会いが、人生の転機となった。

13出くわす　予期しない物事に出会う。

15威嚇　力を示し、相手を脅すこと。

◆**15けたたましい**　（ここでは）突然《とつぜん》、するどくかん高い声がする様子。類騒がしい・やかましい
文猫のけたたましい鳴き声が響く。

128ページ

1天敵　ある生物にとって害敵となっている特定の生物。

◆**4分析**　（ここでは）ある事柄を細かな要素に分け、性質や構造を明らかにすること。
文対戦相手について分析し、戦い方を考える。

6警戒　危険や災害に備えて注意し、用心すること。

◆**7仮説**　何らかの現象を説明したり、法則を導き出したりするのに役立つ、仮に考え出された説。

◆**8定義**　物事の意味や内容を、言葉で明確に規定すること。
文三角形の定義について学習する。

13単なる　それだけで他に何もない。ただの。
文単なるうわさを簡単に信じてはいけない。

130ページ

◆**11検証**　（ここでは）物事を実際に調べて、証明すること。
文仮説が正しいかどうか検証する。

◆**14思わず**　（ここでは）そうしようとは思わないのに。無意識のうちに。
文合格の知らせに思わず飛び上がった。

14身構える　迫ってくる相手に対処できるように、態勢を整える。
文不審な物音を聞き、さっと身構える。

132ページ

◆**4解釈**　（ここでは）物事の意味を判断し、理解すること。
文彼の態度から、賛成してくれたものと解釈する。

133ページ

3脅威　力によっておびやかされること。また、それによって感じる恐《おそ》ろしさ。

◆**10実証**　確かな証拠に基づいて証明すること。
文実験により、理論の正しさを実証する。

原因と結果

教科書 136▶137ページ

新出漢字

漢字	読み方	部首	画数	筆順	用例
P136 踏	トウ ふむ ふまえる	⻊ あしへん	15画	口 ⻊ 跗 跴 踏	雑踏にまぎれて姿を隠《かく》す。 ブレーキを踏む。 多くの意見を踏まえた企画。
P136 隔	カク へだてる へだたる	阝 こざとへん	13画	⺂ 阝 隔 隔 隔 隔	世間から隔離した生活。 分け隔てなくかわいがる。 故郷との距離が隔たる。

P136	環	カン	王 おうへん たまへん / 17画	王 ⺩罒 ⺩罒 ⺩睘 環 環	生活する**環境**を整える。 **環状**に石が並ぶ遺跡。 支援《しえん》活動の一**環**。
P137	偶	グウ	亻 にんべん / 11画	亻 但 但 偶 偶 偶	友人と駅で**偶然**に会う。 **偶数**と奇数に分ける。 **偶像**を拝む。
P137	隠	イン かくす かくれる	阝 こざとへん / 14画	了 阝 阝 阝 隠 隠	店を子供に任せて**隠居**する。 物陰に身を**隠す**。 月が雲に**隠れる**。

使い分けに注意

環

▼同じ「カン」という音をもち、形の似ている「還」（教科書144ページ）と混同しやすいので、区別して覚える。「環」の部首は「王（おうへん・たまへん）」。

・環…輪の形をしたもの／めぐる・回る。
例環状／環境・循環《じゅんかん》

・還…もとへもどる・もとへ返す。
例還元《かんげん》・還暦《かんれき》・帰還《きかん》・返還《へんかん》

偶

▼同じ「グウ」という音をもち、形の似ている「隅」「遇」（↓3年）と混同しやすいので、区別して覚える。

・偶…人形／二の倍数／たまたま、の意味。
例土偶・偶像／偶数・配偶／偶然・偶発

・隅…すみ、の意味。
例一隅

・遇…出会う／もてなす、の意味。
例遭遇《そうぐう》・千載一遇《せんざいいちぐう》／優遇《ゆうぐう》・冷遇《れいぐう》

漢字に親しもう3

教科書 144 ページ

新出漢字

	漢字	読み方	部首 / 画数	筆順	用例
P144	苗	（ビョウ） なえ なわ	艹 くさかんむり / 8画	艹 艹 芇 芇 苗 苗	植物の**種苗**《しゅびょう》を販売《はんばい》する会社。 トマトの**苗**を植える。 **苗代**《しろ》に種もみをまく。
P144	齢	レイ	歯 は / 17画	止 齿 歯 齢 齢 齢	**樹齢**百年の大木。 平均**年齢**を算出する。 **老齢人口**が増加する。
P144	江	コウ え	氵 さんずい / 6画	丶 冫 氵 汀 江 江	大陸を流れる**長江**。 **江戸**時代の町並み。 **入り江**で魚を観察する。
P144	菌	キン	艹 くさかんむり / 11画	艹 芇 茵 菌 菌 菌	**細菌**が増殖する。 **殺菌**作用のある洗剤を使う。 キノコなどの**菌類**。
P144	虹	にじ	虫 むしへん / 9画	口 中 虫 虫 虹 虹	雨が上がり**虹**が出た。 大きな**虹**を眺める。
P144	酵	コウ	酉 ひよみのとり とりへん / 14画	冂 西 酉 酎 酵 酵	天然**酵母**でパンを作る。 **酵素**を多く含む食品。 牛乳を**発酵**させる。
P144	披	ヒ	扌 てへん / 8画	扌 扌 扩 扩 披 披	**披見**を許されない書状。 芸を**披露**する。

漢字	読み方	部首	画数	筆順	用例
摩 P144	マ	手 て	15画	广 庁 床 麻 磨 摩	**摩擦**で静電気が生じる。 世界有数の**摩天楼**《ろう》。
還 P144	カン	辶 しんにょう しんにゅう	16画	罒 罒 罒 睘 睘 還	利益を消費者に**還元**する。 優勝旗を**返還**する。 敵から首都を**奪還**《だっ》する。
肯 P144	コウ	月 にくづき	8画	丨 卜 止 止 肯 肯	相手の意見を**肯定**する。 **首肯**しがたい意見。
挿 P144	ソウ **さす**	扌 てへん	10画	扌 扌 扦 扦 指 挿	新たに文章を**挿入**する。 **挿話**を読み理解を深める。 花瓶《かびん》に花を**挿す**。
陪 P144	バイ	阝 こざとへん	11画	阝 阝 阝 阝 陪 陪	**陪審**が無罪を判断する。 祝賀会に**陪席**する栄誉《えいよ》。 **陪臣**にしたわれる武将。
媒 P144	バイ	女 おんなへん	12画	女 女 女 女 媒 媒	銀を**触媒**《しょく》にして実験する。 蚊《か》が**媒介**する感染症《しょう》を防ぐ。 新聞は**媒体**の一つだ。
駐 P144	チュウ	馬 うまへん	15画	冂 馬 馬 駐 駐 駐	家の前に**駐車**する。 **駐在所**に赴《おもむ》く。 係員が**常駐**する。

新出音訓

（□は新しく習う読み方）

漢字	読み方	用例
度 P144	ド・（ト）・タク [たび]	**度重なる**けがを乗り越える。

漢字	読み方	用例
荷 P144	[カ] に	新製品を**出荷**する。
境 P144	キョウ・[ケイ] さかい	寺の**境内**《だい》を掃除する。
内 P144	ナイ・[ダイ] うち	三月三日に**内裏**《り》びなを飾る。
幸 P144	コウ さいわい・[さち]・しあわせ	**海の幸**を味わう。
納 P144	ノウ・[ナッ]・（ナ）・（ナン）・トウ おさめる・おさまる	毎朝、**納豆**を食べる。
黄 P144	[コウ]・オウ き・こ	中国《ちゅうごく》からの**黄砂**が舞う。
仲 P144	[チュウ] なか	**仲介**の手数料を支払う。

使い分けに注意

挿

▼「挿す」「指す」「差す」の使い分けに注意する。
- 挿す…物をさしはさむ・中にさし入れる。 例 花瓶《かびん》にあじさいを挿す。
- 指す…ゆびなどでさし示す。 例 郵便局の方向を指す。
- 差す…色や気配が現れる／光が当たる／傘《かさ》などを広げて持つ。 例 頬に赤みが差す。／雲の切れ目から日が差す。／雨の日には傘を差す。

形に注意

披 ▼部首は、「扌（てへん）」。「ヒ」という同じ音をもち、形の似ている「彼」や「被」（↓2年）と区別して覚える。

摩 ▼部首は、「手（て）」。「マ」という同じ音をもち、形の似ている「磨」と区別して覚える。

大阿蘇《おおあそ》

教科書 150▼151 ページ

新出漢字

漢字	読み方	部首	画数	筆順	用例
P150 煙	エン けむ**る** けむ**り** けむ**い**	火 ひへん	13画	丷 火 炉 煙 煙 煙	**発煙**して害虫を駆除する。 雨に**煙る**景色。 たき火の**煙**が立ち込める。 魚を焼くと台所が**煙い**。
P151 噴	フン ふ**く**	口 くちへん	15画	口 吽 咁 嗜 噴 噴	火山が**噴火**する。 **噴煙**が立ちのぼる。 鍋《なべ》が勢いよく**噴く**。
P151 丘	キュウ おか	一 いち	5画	ノ 亻 仁 斤 丘	鳥取《とっとり》**砂丘**を旅する。 **丘陵**《りょう》**地帯**が数多く見られる。 丘の上に木を植える。

特別な読み方をする語

150 尻尾【しっぽ】

重要な語句

150ページ

3 **蕭《しょう》々《しょう》** 寂《さび》しさを感じる様子。
文 荒野に風が蕭々と吹《ふ》く。

5 **濡《ぬ》れそぼつ** 濡れてびしょびしょになる。
文 冷たい雨に濡れそぼちながら歩く。

8 **きょとん** 自分がどういう状況に置かれているのかがわからず、目を見開いてぼんやりとしている様子。
文 突然《とつぜん》指名されてきょとんとする。

151ページ

1 **うすら** （ここでは）少しばかり。なんとなく。
文 秋の朝はうすら寒い。

1 **濛《もう》々《もう》** 見通しが立たないほど煙が立ち込めている様子。

3 **けじめ** 物と物の区別。
文 公私のけじめをつける。

6 **いっしんに** 一つのことに集中して。
文 いっしんに稽古に取り組む。

書き誤りに注意

噴 ▼右側の部分が同じ「賁」の漢字に、「噴」「墳《ふん》」（↓2年）「憤《ふん》」（↓3年）がある。いずれも音は「フン」。部首に注意する。
- 噴…部首は「口（くちへん）」。「噴出」「噴水」など。
- 墳…部首は「土（つちへん）」。「古墳」「墳墓」など。
- 憤…部首は「忄（りっしんべん）」。「憤慨《ふんがい》」「悲憤」など。

基本ドリル 1

⑤ 筋道を立てて

解答 110ページ

学習日 ／ ／

1 ——線の漢字の読み方を書きなさい。

「言葉」をもつ鳥、シジュウカラ

□① 帰宅した頃に電話する。
□② 頬を赤く染める。
□③ 春に繁殖期をむかえる。
□④ 利子で預金額が殖えた。
□⑤ 飼っている犬に餌をやる。
□⑥ 野鳥の餌付けに成功する。
□⑦ 毛を逆立てて威嚇する。
□⑧ 分析した結果を公表する。
□⑨ 警戒を厳重にする。
□⑩ 自らを戒める。
□⑪ 状況を冷静に判断する。
□⑫ 我《わ》が物顔に振る舞う。
□⑬ 主役として舞台に立つ。
□⑭ 舞の稽古をする。
□⑮ 詳しい説明を聞く。
□⑯ 詳細をレポートに書く。
□⑰ 害虫を追い払う。
□⑱ 外で誰かが歌っている。
□⑲ 人によって解釈が異なる。
□⑳ 戦争の脅威にさらされる。
□㉑ 大声を出して人を脅す。
□㉒ 多数の支持を獲得する。
□㉓ とらが獲物を食べる。
□㉔ 美しい歌声に魅了される。
□㉕ 沿岸漁業が盛んな地域。

原因と結果

□㉖ アクセルを踏む。
□㉗ 雑踏にまぎれ込む。
□㉘ 世間から隔離した山暮らし。
□㉙ 道路を隔てて向かい合う。
□㉚ 恵まれた環境で育つ。
□㉛ 知人と映画館で偶然に会う。
□㉜ 手で顔を隠す。
□㉝ 隠居して田舎に住む。

漢字に親しもう3

□㉞ 度重なるミスを謝罪する。
□㉟ 今年は苗の成長が速い。
□㊱ 苗代《しろ》に種をまく。
□㊲ 新米の出荷が始まる。
□㊳ お寺の境内を散歩する。
□㊴ 樹齢千年を超える木。
□㊵ 入り江の近くで遊ぶ。
□㊶ 中国の長江を旅する。
□㊷ とれたての海の幸。
□㊸ 人間の生活に有益な細菌。

□㊹ 雨上がりに虹が出る。
□㊺ 納豆をご飯にのせる。
□㊻ 紅茶は茶葉を発酵させて作る。
□㊼ 手品を披露する。
□㊽ 摩擦で熱を起こす。
□㊾ 利益を社会に還元する。
□㊿ 春に黄砂が飛来する。
□51 彼の意見を肯定する。
□52 レポートに表を挿入する。
□53 武士が刀を腰《こし》に挿す。
□54 陪審について学ぶ。
□55 コミュニケーションの媒体。
□56 不動産の売買を仲介する。
□57 駅の近くに駐車する。

大阿蘇《おおあそ》

□58 犬が尻尾を振る。
□59 たき火の煙が上がる。
□60 花火をした後は煙い。
□61 噴煙が空高く上がる。
□62 高温で鍋《なべ》が噴く。
□63 丘の上の展望台。
□64 海沿いに砂丘が広がる。

㊹	㊺
㊻	㊼
㊽	㊾
㊿	51
52	53
54	55
56	57
58	59
60	61
62	63
64	

2 次の語句の対義語になるように、□に漢字を書き入れなさい。

漢字に親しもう3

□① 温暖↔□冷

□② 肯定↔□定

3 次の（　）に当てはまる語句を後から選び、記号で答えなさい。

「言葉」をもつ鳥、シジュウカラ

□① 彼との出会いが、進路を決める（　　）となった。
□② 母猫が、子猫を守るために（　　）する。
□③ 言葉の（　　）が異なり、友達とすれ違いが起こる。

原因と結果

□④ 野生のサルが多く（　　）する地域。
□⑤ 日本（　　）の文化について学ぶ。
□⑥ 勉強に集中するための（　　）を整える。

ア 環境　イ 解釈　ウ 威嚇
エ 独自　オ 生息　カ 転機

4 次の（　）に当てはまる漢字を下から選び、書き入れなさい。

原因と結果

□① （　　）数は二で割り切れる。　【隅・偶】
□② 人が多く、店内が（　　）雑する。　【混・困】

漢字に親しもう3

□③ お（　　）岸に墓参りに行く。　【披・彼】
□④ 兵士が戦地から帰（　　）する。　【環・還】
□⑤ 警備員が常（　　）しているビル。　【駐・仲】

確認ドリル 1

⑤ 筋道を立てて

解答 110ページ

学習日 ／ ／

1 次の片仮名を漢字で書きなさい。

「言葉」をもつ鳥、シジュウカラ

① ホオをゆるめる。
② エモノをおりに入れる。
③ 伝統のマイをまう。
④ こつこつと財産をフやす。
⑤ 詩の世界にミリョウされる。
⑥ サカんに話しかける。
⑦ カラスがイカクして鳴く。
⑧ 王朝がハンエイした時代。
⑨ 厳しいカイリツを守る。
⑩ 理由をショウサイに話す。
⑪ 教室にはダレもいない。
⑫ 小鳥のエサを買う。
⑬ マグロをヨウショクする。
⑭ データをブンセキする。
⑮ 落ち葉が風にマう。
⑯ 首位の座をカクトクする。
⑰ 品物の代金をハラう。
⑱ ジョウキョウを報告する。
⑲ クワしい説明は省く。
⑳ キョウハク状が届く。
㉑ 子供のコロの思い出。
㉒ シャクゼンとしない様子。
㉓ オドしに屈《くっ》しない。
㉔ エヅけが禁止される。
㉕ 相手をイアツする態度。
㉖ ブタイに立って発表する。
㉗ 弱い心をイマシめる。

原因と結果

㉘ 太陽が厚い雲にカクれる。
㉙ 機械でエンカク操作する。
㉚ 軽いステップをフむ。
㉛ 自然カンキョウを守る。
㉜ 家業を譲《ゆず》りインキョする。
㉝ ハイグウシャの有無を記す。
㉞ 東北の山々をトウハする。
㉟ 川をヘダてて村がある。

漢字に親しもう3

㊱ 花びんにバラをサす。
㊲ 中国の長コウを船で下る。
㊳ 朝食にナットウを食べる。
㊴ じゃがいもをシュッカする。
㊵ ヒロウ宴《えん》に出席する。
㊶ アルコールでサッキンする。
㊷ 野菜のナエを植え付ける。
㊸ 会うタビに成長に驚く。

□44 お寺のケイダイで遊ぶ。
□45 バス専用のチュウシャ場。
□46 空に大きなニジが出た。
□47 マテン楼《ろう》を望む。
□48 パン生地《きじ》をハッコウさせる。
□49 名前とネンレイを記入する。
□50 取引のチュウカイを頼む。
□51 ナワ代《しろ》に水を引く。
□52 コウサで空がかすむ。
□53 優勝カップをヘンカンする。
□54 カードをソウニュウする。
□55 山のサチに恵まれる。
□56 入りエに鯨《くじら》が迷い込む。
□57 薬をヨウバイにとかす。
□58 自らの存在をコウテイする。
□59 会議にバイセキする。

大阿蘇《おおあそ》

□60 キュウ陵《りょう》地のぶどう畑。
□61 ハツエン筒《とう》を設置する。
□62 フンスイの近くで休む。
□63 雨にケムる港町。
□64 猫がシッポを立てる。
□65 オカを越えて行く。
□66 山が火をフいた。
□67 ケムリが立ち上がる。

2 後のア・イから順に漢字を一つずつ選び、熟語を六つ作りなさい。

「言葉」をもつ鳥、シジュウカラ

□

ア	接	豊	分	定	検	進
イ	析	証	近	化	富	義

3 次の各文の中から、使い方の誤っている漢字を抜き出して上の（　）に書き、正しい漢字を下の（　）に書きなさい。

「言葉」をもつ鳥、シジュウカラ

□① 日本に広く分付する植物。（　）→（　）
□② 鳥は虫にとって天摘だ。（　）→（　）

漢字に親しもう3

□③ 機械で宝石を研摩する。（　）→（　）
□④ 教室を隅々まで清挿する。（　）→（　）

大阿蘇

□⑤ 不思義な出来事があった。（　）→（　）

6 いにしえの心にふれる

教科書 154▼174 ページ

学習日 ／ ／

蓬莱《ほうらい》の玉の枝——「竹取《たけとり》物語」から

教科書 158▼169 ページ

新出漢字

漢字	読み方	部首	画数	筆順	用例
P158 筒	トウ つつ	⺮ たけかんむり	12画	ノ ⺈ ⺮ 筒 筒 筒	水筒にお茶を入れる。 封《ふう》筒にあて名を書く。 竹の筒に花を生ける。
P159 冒	ボウ おかす	目 め	9画	冂 日 冃 冐 冒 冒	冒険の旅に出る。 物語の冒頭を読む。 危険を冒して救助に向かう。
P159 籠	(ロウ) かご こもる	⺮ たけかんむり	22画	⺮ 笇 篭 籠 籠 籠	籠城《ろうじょう》した犯人を捕《と》らえる。 籠の中でインコを飼う。 部屋に籠もって勉強する。
P159 娘	むすめ	女 おんなへん	10画	女 女' 妒 娘 娘 娘	感じやすい娘心。 娘を甘やかす。 彼女は箱入り娘だ。
P159 姫	ひめ	女 おんなへん	10画	女 女 女 女 姫 姫	城には美しい姫君がいる。 かぐや姫の物語。
P159 婚	コン	女 おんなへん	11画	女 妒 婚 婚 婚 婚	彼から婚約指輪をもらう。 結婚を申し込む。 新婚旅行に出かける。
P159 諦	テイ あきらめる	言 ごんべん	16画	言 訁 諦 諦 諦 諦	最近の情勢を諦観する。 諦念の境地になる。 留学を諦める。
P160 恐	キョウ おそれる おそろしい	心 こころ	10画	エ 工 巩 巩 恐 恐	恐怖に縮みあがる。 失敗を恐れてはいけない。 過去に恐ろしい目にあう。
P161 尋	ジン たずねる	寸 すん	12画	フ ヨ ヨ 尋 尋 尋	この暑さは尋常ではない。 警察官に尋問される。 通行人に道を尋ねる。
P161 斜	シャ ななめ	斗 とます	11画	人 亼 余 斜 斜 斜	表に斜線を引く。 斜面を転げ落ちる。 柱が斜めにかたむく。
P161 裾	すそ	衤 ころもへん	13画	衤 衤 衤 衤 裾 裾	ズボンの裾を上げる。 裾野の景色に感動する。 山裾に住む。
P162 奪	ダツ うばう	大 だい	14画	大 夲 夺 奪 奪 奪	世界一位を奪回する。 首位争奪戦を繰《く》り広げる。 冷たい雨が体力を奪う。
P162 迎	ゲイ むかえる	⻌ しんにょう しんにゅう	7画	ノ 卬 卬 卬 卬 迎	車で客を送迎する。 新入生の歓《かん》迎会を開く。 転校生を迎え入れる。
P162 召	ショウ めす	口 くち	5画	フ 刀 刀 召 召	国会を召集する。 応召し、戦場に向かう。 歌人を宮中に召す。

	添 P163	贈 P163
読み	テン　**そえる**　**そう**	ゾウ　ソウ　**おくる**
部首	氵 さんずい	貝 かいへん
画数	11画	18画
筆順	氵 氵 沃 添 添 添	目 貝 貝 贈 贈 贈
用例	作文を**添**削する。メッセージをひと言**添える**。母に寄り**添**って歩く。	卒業式に花束を**贈**呈《てい》する。母校に図書を寄**贈**する。お祝いの言葉を**贈る**。

新出音訓（□は新しく習う読み方）

漢字	読み方	用例
P159 授	ジュ　[さず**ける**]・[さず**かる**]	代々の秘宝を**授ける**。子宝を**授かる**。
P160 訪	ホウ　[おとず**れる**]・たず**ねる**	祖父母の家を**訪れる**。
P164 文	ブン・モン　[ふみ]	急ぎの**文**を送る。
P164 承	ショウ　[うけたまわ**る**]	ご注文を**承る**。

部首に注意

裾

▼部首は「ネ（ころもへん）」。「ネ（しめすへん）」と書き誤りやすいので、注意する。

形に注意

添

▼「小」の部分を、「小」や「水」と書き誤らないようにする。形をしっかり覚えよう。

書き誤りに注意

冒

▼下の部分を「日」に書き誤りやすい。「目」なので注意しよう。

奪

▼「寸」の部分を「田」に書き誤りやすいので、注意しよう。

・奪…うばう・うばい取るという意味。
例奪回・奪取・争奪・略奪

・奮…ふるい立つという意味。
例奮起・奮闘《ふんとう》・興奮

迎

▼「卬」の部分を「卯」に書き誤りやすいので、注意しよう。「柳（→2年）」は「卯」となるので、区別して覚える。

使い分けに注意

尋

▼「たず(ねる)」という同じ訓読みの漢字を使い分けよう。

・尋ねる…わからないことを人にきく。例道を尋ねる。

・訪ねる…よその土地や人の家に行く。例家を訪ねる。

召

▼「召集」も「招集」も「呼び集める」という意味では同じだが、「召集」は「国会召集」や「召集令状」のように、主として国会と軍隊にしか使わない言葉。「株主総会の招集」など、一般《いっぱん》的な意味では「招集」が使われる。

贈

▼「贈る」は、感謝や祝いなどの気持ちを込めた物を相手に渡すときに使う。物を配達や輸送などで相手に届ける場合は「送る」を使う。

重要な語句

159ページ

2 冒頭 文章や物語の初めの部分。
文 冒頭が印象的な小説。

3 授かる （ここでは）神仏から与えられる。

4 すくすく 子供が元気に成長する様子。

5 一人前 成人としての資格や能力があること。大人として通用すること。
文 あの子もようやく一人前になった。

7 なよ竹の しなやかな竹のような。

11 貴公子 身分の高い家の若い男子。

14 至難 （実現が）きわめて難しい様子。
文 この計画を実行するのは至難なことだ。

16 ……切る （動詞について）すっかり……する。
文 修学旅行でお小遣いを使い切った。

16 富 財産。

160ページ

1 挑む （ここでは）全力を出して立ち向かっていく。
文 陸上選手が、世界記録に挑む。

4 かねて 前から。かねがね。
文 外国にはかねてから行きたいと思っていた。

6 寝《しん》食《しょく》 寝ることと食べること。日常生活。
文 寝食を忘れて仕事にはげむ。

8 ふう 様子や態度。

8 よそおう （ここでは）実際にはそうでないのに、そのようなふりをする。
文 平静をよそおって対応する。

9 架空 実際にないことを、想像して作り上げること。
文 架空の物語を楽しむ。

9 まことしやか いかにも本当らしい様子。
文 根も葉もないことを、まことしやかに話す。

10 多難 災難や困難が多い様子。
文 前途《ぜんと》多難なことにも挑戦する。

161ページ

注4 裾 （ここでは）山のふもとのこと。

注7 見劣り 他のものに比べて悪く見えること。

162ページ

1 得意げ ほこらしげな様子。
文 兄が、満点のテストを得意げに見せてきた。

2 褒《ほう》美《び》 相手の業績をほめて与える金品。

3 策略 相手を、自分が望んでいる状態におとしいれるためのはかりごと。 類 計略

5 あるいは （ここでは）ある者は。

8 宮中 帝《みかど》の住む宮殿《きゅうでん》の中。

9 召す 呼び寄せる。招く。

13 なげき （悲しい思いのために）ため息をつくこと。

14 見かねる 平気で見ていられない。
文 子供達の行動を、見るに見かねて注意する。

163ページ

2 涙ながら 涙を流しながら。泣きながら。

4 遣わす 目下の者を使いに出す。

7 不死 いつまでも死なないこと。

今に生きる言葉

教科書 170▼174 ページ

新出漢字

漢字	読み方	部首	画数	筆順	用例
P170 銘	メイ	金 かねへん	14画	𠆢 金 釒 釒夕 銘 銘	言葉に感**銘**を受ける。**銘**菓をお土産《みやげ》にもらう。座右の**銘**を聞く。
P170 矛	ム ほこ	矛 ほこ	5画	マ マ 予 予 矛	発言と行動とが**矛**盾《じゅん》する。非難の**矛**先が集中する。
P170 盾	ジュン たて	目 め	9画	一 厂 𠂆 斤 盾 盾	説明と結果とが矛**盾**する。人質《ひとじち》を**盾**に取る。有力な後ろ**盾**に助けられる。
P170 蛇	ジャ ダ へび	虫 むしへん	11画	口 中 虫 虫' 虫宀 蛇	水道の**蛇**口をひねる。この文は**蛇**足だ。**蛇**がとぐろを巻く。
P171 堅	ケン かた**い**	土 つち	12画	丨 厂 戸 臣 臤 堅	学校は**堅**固なつくりだ。**堅**実な商売で利益を上げる。**堅い**決意を胸に抱く。

書き誤りに注意

矛

▼「予」と形が似ているので書き誤りやすい。「矛」は「矛盾」の他、訓読みで「矛先」などと使う。「予」は「予告・予備・予知」などと使う。

使い分けに注意

銘

▼「銘じる」と「命じる」を使い分けよう。

・銘じる…心に刻みつけて、忘れないようにするという意味。

例 コーチの助言をきもに銘じる。

・命じる…言いつける／任命するという意味。

例 部下に仕事を命じる。／彼を学級委員に命じる。

重要な語句

170ページ

1 **由来** 物事がたどってきた筋道。いわれ。それを起源とすること。
文 辞典で言葉の由来を調べる。

4 **息づく** （ここでは）確かに存在している。生きている。
文 伝統文化が息づく町。

7 **背景** （ここでは）見えないところで物事を支えている事柄。

7 **矛盾** つじつまが合わないこと。
文 君の意見には矛盾が多い。

7 **推敲**《すいこう》 詩や歌、文章などを作るときに、適切な字句や表現を求めて、何度も考え直すこと。
文 推敲を重ね、作文を仕上げる。

8 **蛇足** よけいな付け足し。むだなもの。
文 この部分の解説は蛇足だ。

8 **四面楚歌**《しめんそか》 敵に囲まれ、周りに味方がいないこと。
文 四面楚歌の状況におちいった。

基本ドリル 1 ⑥いにしえの心にふれる

解答 110ページ

学習日 ／ ／

1 ――線の漢字の読み方を書きなさい。

蓬莱《ほうらい》の玉の枝

□① 賞状を筒に入れる。
□② 水筒を持ち歩く。
□③ 物語の冒頭を暗記する。
□④ 危険を冒して出かける。
□⑤ 祖父から知恵を授かる。
□⑥ 山菜を籠に入れる。
□⑦ 勉強のため部屋に籠もる。
□⑧ 娘と買い物に行く。
□⑨ 「かぐや姫」の物語を読む。
□⑩ 結婚の申し出を受ける。
□⑪ アメリカ留学を諦める。
□⑫ 現在の生活を諦観する。
□⑬ 見知らぬ土地を訪れる。
□⑭ 恐ろしい事件が起きた。
□⑮ 暗闇《くらやみ》に恐怖を感じる。
□⑯ 警察官に道を尋ねる。
□⑰ 尋常ではない暑さ。
□⑱ 斜面をボールが転がる。
□⑲ 斜めの直線を引く。
□⑳ スカートの裾を上げる。
□㉑ 相手のボールを奪う。
□㉒ 首位の座を奪回する。
□㉓ 客を迎え入れる。
□㉔ 子供を駅まで送迎する。
□㉕ 国王が大臣を召す。
□㉖ 軍が召集をかける。
□㉗ プレゼントに手紙を添える。
□㉘ 小論文を添削する。
□㉙ 知人に花束を贈る。
□㉚ 記念品を贈呈《てい》する。
□㉛ 図書館に本を寄贈する。
□㉜ 昔、手紙を「文」と言った。
□㉝ 大事な役を承る。

今に生きる言葉

□㉞ 座右の銘となる言葉。
□㉟ 相手の矛盾を指摘する。
□㊱ 攻撃《こうげき》の矛先が変わった。
□㊲ 後ろ盾になって守る。
□㊳ 蛇足と思う部分を除く。
□㊴ 水道の蛇口を閉める。
□㊵ 草むらで蛇に出くわす。
□㊶ 相手は守備が堅い。
□㊷ 友達の意志は堅固だ。

2 次の——線に当てはまる漢字を下から選び、書きなさい。

蓬萊の玉の枝

□① か空の物語を考える。【仮・加・架】（　　）
□② 冒けん談を聞く。【検・険・験】（　　）
□③ さく略が失敗に終わる。【策・索・作】（　　）

3 次の語句を使って短文を作りなさい。

蓬萊の玉の枝

□① 挑む
（　　）
□② かねて
（　　）

今に生きる言葉

□③ 蛇足
（　　）

4 次の（　）の中で、送り仮名の正しいものを選び、記号で答えなさい。

蓬萊の玉の枝

□① 母の故郷を（ア　訪ずれる　イ　訪れる）。（　　）
□② お客様からのご注文を（ア　承る　イ　承わる）。（　　）

5 次の——線の語句の意味を後から選び、記号で答えなさい。

蓬萊の玉の枝

□① 子供がすくすく育つ。（　　）
□② 長男がようやく一人前になった。（　　）
□③ 妹はいつも知ったふうな顔で話す。（　　）
□④ 彼とは学生時代に寝食《しんしょく》を共にした仲だ。（　　）
□⑤ 老人を見るに見かねて手を差し伸べる。（　　）
□⑥ 本物と比べるとやはり見劣りする。（　　）
□⑦ まことしやかな情報がささやかれる。（　　）

今に生きる言葉

□⑧ 地理の授業で地名の由来を調べる。（　　）
□⑨ 君の主張には矛盾が多い。（　　）
□⑩ 読書感想文を推敲《すいこう》した。（　　）
□⑪ 不用意な発言で、四面楚歌《しめんそか》の状況におちいる。（　　）

ア　様子や態度。
イ　敵に囲まれ、周りに味方がいないこと。
ウ　平気で見ていられない。
エ　他のものに比べて悪く見えること。
オ　成人としての資格や能力があること。大人として通用すること。
カ　いかにも本当らしい様子。
キ　ねることとたべること。日常生活。
ク　物事がたどってきた筋道。いわれ。
ケ　適切な字句や表現を求めて、何度も考え直すこと。
コ　元気に成長する様子。
サ　つじつまが合わないこと。

確認ドリル 1

6 いにしえの心にふれる

解答 110ページ

学習日 ／ ／

1 次の片仮名を漢字で書きなさい。

蓬莱《ほうらい》の玉の枝

□① オクリ物を渡す。
□② ムスメと旅行する。
□③ 球場までのソウゲイバス。
□④ 証人がジンモンを受ける。
□⑤ 図形にシャセンを引く。
□⑥ 危険をオカして人を救う。
□⑦ 事務所にコもって仕事する。
□⑧ 花に心をウバわれる。
□⑨ スイトウに茶を注ぐ。
□⑩ コンヤク者を紹介する。
□⑪ 国会をショウシュウする。
□⑫ 人生をテイカンする。
□⑬ 絶好の機会がオトズれる。
□⑭ 失敗をオソれる。
□⑮ 注文をウケタマワる。
□⑯ 地元の人に道をタズねる。
□⑰ 鳥をカゴで飼う。
□⑱ 恋《こい》ブミに返事を書く。
□⑲ 商品をゾウ呈《てい》する。
□⑳ 着物のスソをつまむ。
□㉑ 大会出場をアキラめる。
□㉒ 主導権をダッシュする。
□㉓ ボウケン小説を読む。
□㉔ 厚意にキョウシュクする。
□㉕ お菓子をメしあがる。
□㉖ 手紙にソえ書きする。
□㉗ 紙のツツに巻き付ける。
□㉘ 空港で友をデムカえる。
□㉙ 帽子をナナめにかぶる。
□㉚ 神社でお守りをサズかる。
□㉛ 母校に本をキソウする。
□㉜ おヒメ様のような生活。
□㉝ テンカ物が使われた食品。

今に生きる言葉

□㉞ 彼は口がカタい。
□㉟ 説明にムジュンがある。
□㊱ チョウダの列ができる。
□㊲ 金属のタテで体を守る。
□㊳ 仕事をケンジツにこなす。
□㊴ ダイジャがとぐろを巻く。
□㊵ カンメイを受けた言葉。
□㊶ 批判のホコサキが変わる。
□㊷ ヘビが脱皮《だっぴ》する。

2 次の（　）に当てはまる語句を後から選び、書き入れなさい。

蓬萊の玉の枝

□① 待望の子供を（　　　　）。

□② 知っているというふうを（　　　　）。

□③ 市民からの要望に（　　　　）。

□④ 審判が選手に、退場を（　　　　）。

今に生きる言葉

□⑤ 伝統が（　　　　）町で暮らす。

命じる　よそおう　息づく　応じる　授かる

3 次の――線の片仮名を漢字で書きなさい。

蓬萊の玉の枝

□① (1) 入手シナンの品物。
(2) 山の頂上にイタる。

□② (1) チエを働かせる。
(2) 天候にメグまれる。

□③ (1) 資料をテンプする。
(2) 友の気持ちに寄りソう。

□④ (1) ゾウトウ品をおくる。
(2) オクリ物を選ぶ。

①	②	③	④
(1)	(1)	(1)	(1)
(2)	(2)	(2)	(2)

4 次の語句の類義語を後から選び、書き入れなさい。

蓬萊の玉の枝

□① 褒美《ほうび》＝（　　　　）

□② 入手＝（　　　　）

□③ 難題＝（　　　　）

□④ 寝食《しんしょく》＝（　　　　）

□⑤ 無力＝（　　　　）

□⑥ 策略＝（　　　　）

計略　非力　恩賞　省略
難問　取得　生活　標準

5 次の（　）に当てはまる漢字を下から選び、書き入れなさい。

蓬萊の玉の枝

□① 迷ったので、人に道を（　　）ねる。【尋・訪】

□② 天にも（　　）る気持ちだ。【登・昇】

□③ 国会議員を（　　）集する。【招・召】

今に生きる言葉

□④ 物語の（　　）頭を朗読する。【帽・冒】

□⑤ 座右の（　　）にしたい名言だ。【名・銘】

7 価値を見いだす／読書に親しむ

教科書 176▼196ページ

学習日 ／ ／

「不便」の価値を見つめ直す

教科書 176▼185ページ

新出漢字

漢字	読み方	部首	画数	筆順	用例
P178 般	ハン	舟 ふねへん	10画		一**般**に、人手が少ない。先**般**の出来事を説明する。諸**般**の事情を考慮する。
P179 途	ト	辶 しんにょう しんにゅう	10画		発展**途**上の国々を支援《しえん》する。話の**途**中で席を立つ。授業を終え帰**途**につく。
P179 施	シ (セ) ほど**こす**	方 かたへん	9画		大型の**施**設を設計する。ドアに**施**錠《せじょう》して出かける。畑に肥料を**施す**。
P180 繰	く**る**	糸 いとへん	19画		教科書のページを**繰る**。平泳ぎの練習を**繰り**返す。熱戦を**繰り**広げる。
P182 促	ソク うなが**す**	亻 にんべん	9画		植物の生長を**促**進する。レタスを**促**成する。本の返却《へんきゃく》を**促す**。
P182 遂	スイ と**げる**	辶 しんにょう しんにゅう	12画		任務の**遂**行を優先する。年間目標を完**遂**する。研究を成し**遂げる**。

新出漢字

漢字	読み方	部首	画数	筆順	用例
P183 援	エン	扌 てへん	12画		**援**助の手を差し伸べる。自校の選手を応**援**する。困っている人を支**援**する。
P183 倒	トウ たお**れる** たお**す**	亻 にんべん	10画		面**倒**な手続きを済ませる。強風で木が**倒れる**。試合で強敵を**倒す**。

新出音訓（□は新しく習う読み方）

漢字	読み方	用例
P176 要	ヨウ かなめ・[い**る**]	料理には食材が**要る**。
P182 下	カ・ゲ した・しも・[もと]・さ**げる**・さ**がる**・くだ**る**・くだ**す**・くだ**さる**・お**ろす**・お**りる**	灯台**下**暗し。

使い分けに注意

下

▼「もと」という同じ訓読みの漢字を使い分けよう。

・下…したの部分／その力や動きの及ぶところという意味。例旗の下に集合する。／法の下の平等。

・元…物事のはじめという意味。例部屋を元どおりにする。

・基…物事の土台や根本という意味。例事実を基に発言する。

書き誤りに注意

繰

▼部首である「糸（いとへん）」の部分を「扌」に書き誤りやすいので、注意しよう。

・繰（く）る…細長いものを引き出して巻き取る／順に送る・順にめくるという意味。
　例糸を繰る。／雑誌のページを繰る。

・操（あやつ）る…自由に使いこなすという意味。
　例人形を操る。／最新の機器を操る。

促

▼形の似ている「捉」と書き誤りやすいので、区別して覚える。また、「促す」を「促がす」としないように、送り仮名にも注意する。

重要な語句

◆は教科書中にある「注意する語句」

176ページ

◆2 **けげん**　理由や事情がわからず、納得がいかない様子。
文彼の発言に、皆けげんな表情を浮かべた。

5 **価値観**　どのような物事に価値を認めるかという、それぞれの人の考え方。

6 **もてはやす**　さかんにほめる。

◆9 **追求**　目的を達成するまで、どこまでも追い求めること。
文理想の暮らしを追求する。

10 **指針**　（ここでは）進むべき方向や道筋を示すもの。

177ページ

◆1 **複雑**　物事が込み入っている様子。対単純

◆9 **確かに、……しかし、……**　間違いなく、……も認められるが、それに反して、……である。
文確かに、インターネットによって情報を簡単に検索できるようになった。しかし、その中には間違った情報も含まれるかもしれないという問題点もある。

10 **一様**　どれも変わりがなく同じような様子。
文クラス全員が一様に賛成する。

◆13 **見過ごす**　（ここでは）見ていながら気づかないでいる。
関見落とす　見ていながら、うっかり重要な点を見ないでしまう。
関見のがす　何かの事情で、見ていながらそれを捉えるべき機会を失う。
関見誤る　間違った見方をする。

178ページ

◆6 **一般に**　多くの場合。
文一般に、女性のほうが寿命《じゅみょう》が長い。

◆14 **具体的**　はっきりとした実体を備えている様子。対抽象《ちゅうしょう》的

179ページ

11 **やむをえず**　そうするよりどうしようもなく。仕方なく。
文急用ができたので、やむをえず約束を断った。

180ページ

◆1 **普及**　広く行き渡ること。
文携帯《けいたい》電話が急速に普及した。

◆7 **実《じっ》践《せん》**　主義・主張や理想を実際に行うこと。

181ページ

◆2 **負担**　（ここでは）引き受ける義務や責任。
文従業員を増やし、一人あたりの負担を軽減する。

漢字に親しもう4

教科書 188 ページ

新出漢字

漢字	読み方	部首	画数	筆順	用例
P188 忙	ボウ いそがしい	忄 りっしんべん	6画	丶 丷 忄 忄 忙 忙	母は家事と仕事で**多忙**だ。 雑務に**忙殺**される。 **忙しい**家族の手伝いをする。
P188 斬	ザン きる	斤 おのづくり きん	11画	亘 車 車 斬 斬 斬	**斬新**なアイデアを出す。 時代劇で人を**斬る**役をする。
P188 祈	キ いのる	礻 しめすへん	8画	ラ 礻 礻 祈 祈 祈	平和を**祈念**する。 姉の合格を**祈願**する。 家族の無事を**祈る**。
P188 旺	オウ	日 ひへん	8画	冂 日 日 旷 旺 旺	祖父は食欲**旺盛**で健康だ。 彼は好奇心**旺盛**な人だ。
P188 肝	カン きも	月 にくづき	7画	丿 冂 月 月 肝 肝	気を抜かないことが**肝要**だ。 **肝臓**の働きを調べる。 恩師の教えを**肝**に銘じる。
P188 壁	ヘキ	玉 たま	18画	尸 居 辟 辟 壁 壁	**完璧**に仕事をこなす。 彼らは書道界の**双璧**だ。
P188 稼	（カ） かせぐ	禾 のぎへん	15画	禾 秆 稼 稼 稼 稼	飲食店を**稼業**《かぎょう》とする。 しっかり働いて**稼ぐ**。 手伝いをして点数を**稼ぐ**。

漢字	読み方	部首	画数	筆順	用例
P188 渇	（カツ） かわく	氵 さんずい	11画	氵 沪 沪 渇 渇 渇	日照りで**渇水**《かっすい》が続く。 喉《のど》が**渇く**ので水を飲んだ。
P188 滞	タイ とどこおる	氵 さんずい	13画	氵 泄 泄 滞 滞 滞	秋雨《あきさめ》前線が**停滞**する。 会議の空気が**沈滞**する。 疲れて勉強が**滞る**。
P188 沸	フツ わく わかす	氵 さんずい	8画	氵 氵 沪 沸 沸 沸	水が**沸騰**《とう》する温度を調べる。 逆転劇に観客が**沸く**。 急いで風呂《ふろ》を**沸かす**。
P188 衰	スイ おとろえる	衣 ころも	10画	亠 亩 亩 衰 衰 衰	産業の**衰退**を食い止める。 トランプで**神経衰弱**をする。 年齢とともに視力が**衰える**。
P188 詣	（ケイ） もうでる	言 ごんべん	13画	言 言 訁 詣 詣 詣	地元の寺に**参詣**《さんけい》する。 彼は美術に**造詣**《ぞうけい》が深い。 祖母の墓に**詣でる**。
P188 搾	（サク） しぼる	扌 てへん	13画	扌 扩 控 搾 搾 搾	朝一番に**搾乳**《さくにゅう》する。 油を丁寧《ていねい》に**搾る**。 牛の乳を**搾る**。
P188 刺	シ さす ささる	刂 りっとう	8画	一 市 朿 朿 刺 刺	脳に**刺激**を与える。 注射の針を腕に**刺す**。 指にとげが**刺さる**。

新出音訓

（□は新しく習う読み方）

漢字	読み方	用例
P188 役	ヤク・[エキ]	来季も**現役**を続ける。
P188 就	シュウ・（ジュ） [つく]・[つける]	念願だった職業に**就く**。 子を書道の先生に**就ける**。

P188 素	P188 宮
ソ・ス	キュウ・グウ・(ク) みや
素直な気持ちになる。	神宮の参道を歩く。

送り仮名に注意

忙

▼「忙しい」の送り仮名を、「忙がしい」や「忙い」としない。また、「急（いそ）ぐ」との混同にも気をつける。

使い分けに注意

搾

▼「搾」「絞」は、どう「しぼ（る）」のかで使い分ける。

・搾る…強くしめつけて取る意味。
例 乳を搾る。税金を搾り取る。

・絞る…強くねじって出す意味。
例 雑巾《ぞうきん》を絞る。知恵を絞る。

考える人になろう

教科書 190▼191ページ

新出漢字

漢字	読み方	部首	画数	筆順	用例
P190 触	ショク **ふ**れる さわる	角 つのへん	13画	⺈ 角 角 角 角 触	昆虫《こんちゅう》の**触**角。 多くの人の目に**触**れる。 赤ん坊のおでこを**触**る。

たのしい制約

教科書 192▼193ページ

新出漢字

漢字	読み方	部首	画数	筆順	用例
P192 剣	ケン つるぎ	刂 りっとう	10画	𠆢 亼 合 争 㑒 剣	**剣**道の大会が開催《かいさい》される。 ゲームにも真**剣**に取り組む。 **剣**を使った舞を舞う。
P193 慢	マン	忄 りっしんべん	14画	忄 忄 忄 忄 忄 慢	高**慢**な態度を改める。 関節痛が**慢**性化する。 特技を自**慢**げに見せる。
P193 殊	シュ こと	歹 がつへん かばねへん	10画	一 ア 歹 歹 歺 殊	特**殊**な機械を操作する。 **殊**勝な心掛けを評価する。 花では**殊**にバラが好きだ。
P193 翼	ヨク つばさ	羽 はね	17画	フ ヲ 羽 習 翌 翼	白鳥が両**翼**を優雅《ゆうが》に広げる。 飛行機の尾《び》**翼**を点検する。 鳥が**翼**を広げて飛ぶ。

使い分けに注意

剣

▼「倹」「険」「検」とは形が似ていて、音読みも同じなので、正しく使い分ける。

「剣」…つるぎ（剣術・短剣）。「倹」…つつましい（倹約・節倹）。「険」…けわしい（危険・探険）。「検」…しらべる（検査・検定）。

基本ドリル 1

7 価値を見いだす／読書に親しむ

解答 111ページ

学習日　／　／

1 ――線の漢字の読み方を書きなさい。

「不便」の価値を見つめ直す

① 手間要らずの食品。
② 国宝が一般に公開される。
③ 帰る途中、本屋に寄った。
④ 公共の施設を利用する。
⑤ 防災対策を施す。
⑥ 何度も練習を繰り返す。
⑦ ゆっくり話すよう促す。
⑧ きゅうりの促成栽培《さいばい》。
⑨ 大きな事業を成し遂げる。
⑩ 任務を遂行する。
⑪ 法の下の平等。
⑫ 団体の活動を支援する。
⑬ 面倒くさい片づけ。
⑭ 疲れてベッドに倒れ込む。

漢字に親しもう4

⑮ 父は現役のプロ野球選手だ。
⑯ 仕事と家事で忙しい。
⑰ 多忙な一日が終わった。
⑱ 斬新なアイデアが生まれる。
⑲ 刀で斬る。
⑳ 後輩が副部長に就く。

㉑ 志望校合格を祈願する。
㉒ 旅の安全を祈る。
㉓ 弟は学習意欲が旺盛だ。
㉔ 素直にうなずく。
㉕ 諦めないことが肝要だ。
㉖ 教訓を肝に銘じる。
㉗ 宿題を完璧に仕上げる。
㉘ 神宮に参拝する。
㉙ 生活費を稼ぐ。
㉚ 走ったので、のどが渇く。
㉛ 雨で作業が滞る。
㉜ 前線が停滞する。
㉝ ホームランに観客が沸く。
㉞ 湯が沸騰《とう》する。
㉟ 病気をして体力が衰える。
㊱ 農業の衰退が危《あや》ぶまれる。
㊲ 近くの神社に詣でる。
㊳ 早朝に牛の乳を搾る。
㊴ 肉にくしを刺す。
㊵ 友達から刺激を受ける。

考える人になろう

㊶ 日本の伝統美に触れる。
㊷ バッタの触角が動く。

□㊸ 手触りのよいタオル。

たのしい制約

□㊹ 真剣に取り組んだ結果。
□㊺ 「剣の舞」という楽曲。
□㊻ 妹が自慢げに笑う。
□㊼ これは特殊な機械だ。
□㊽ 教科で殊に国語が好きだ。
□㊾ 海鳥が翼を広げる。
□㊿ 旅客機《りょかくき》の主翼を設計する。

㊸	
㊹	㊺
㊻	㊼
㊽	㊾
㊿	

2 次の語句を使って短文を作りなさい。

「不便」の価値を見つめ直す

□① 追求（　　　　）
□② 普及（　　　　）

3 次の――線に合う語句を後から選び、記号で答えなさい。

漢字に親しもう4

□① 遅刻しないように、くぎをサす。（　　）
ア 指す　イ 刺す　ウ 差す
□② 私の夢は、教職にツくことだ。（　　）
ア 付く　イ 着く　ウ 就く

4 次の語句の対義語を後から選び、漢字で答えなさい。

「不便」の価値を見つめ直す

□① 複雑↔（　　）　□② 自動↔（　　）

たのしい制約

□③ 抽象《ちゅうしょう》的↔（　　）　□④ 生産↔（　　）
□⑤ 水平↔（　　）　□⑥ 結果↔（　　）

しょうひ　ぐたいてき　げんいん
しゅどう　すいちょく　たんじゅん

5 次の（　）に当てはまる語句を後から選び、記号で答えなさい。

「不便」の価値を見つめ直す

□① （　）暇をかけて、作品を仕上げる。
□② 問題が（　）にからみ合い、解決が難しい。
□③ 使いやすさに（　）して、商品を選ぶ。
□④ 話し合いで、皆が（　）に反対意見を口にする。
□⑤ 一般家庭にパソコンが（　）する。
□⑥ プロ選手から指導を受ける（　）に恵まれる。
□⑦ 人員が減り、作業の（　）が重くなる。
□⑧ 野菜（　）の味をいかした料理。

ア 一様　イ 機会　ウ 本来　エ 複雑
オ 負担　カ 手間　キ 着目　ク 普及

確認ドリル 1

⑦ 価値を見いだす／読書に親しむ

解答 111ページ

学習日 ／ ／

1 次の片仮名を漢字で書きなさい。

「不便」の価値を見つめ直す

□① 目標を成しトげる。
□② 期末試験をジッシする。
□③ トチュウで下車する。
□④ 大木を切りタオす。
□⑤ 商品開発をソクシンする。
□⑥ 熱戦がクリ広げられる。
□⑦ 被災地の復興をシエンする。
□⑧ 旅行のためにお金がイる。
□⑨ 数学ゼンパンが得意だ。
□⑩ 重大任務をカンスイする。
□⑪ まさに灯台モト暗しだ。
□⑫ 応急の手当てをホドコす。
□⑬ 他をアットウする勢い。
□⑭ 妹に勉強をウナガす。

漢字に親しもう4

□⑮ タボウな毎日を送る。
□⑯ 大金をカセぐ。
□⑰ 水のフッテンを調べる。
□⑱ 仕事でメイシを交換する。
□⑲ 筋力がオトロえる。
□⑳ 長崎の平和キネン式典。

□㉑ ヤギの乳をシボる。
□㉒ ザンシンなタッチの絵。
□㉓ 友の成功をイノる。
□㉔ 弟はスナオに謝った。
□㉕ 看護師の職にツく。
□㉖ 突然《とつぜん》の物音にキモを冷やす。
□㉗ カンペキに暗記する。
□㉘ 伊勢《いせ》にサングウする。
□㉙ 母は仕事でイソガしい。
□㉚ のどがカワいて水が欲しい。
□㉛ 友人は好奇心オウセイだ。
□㉜ 京都にタイザイする。
□㉝ ポットでお湯をワかす。
□㉞ 祖父がゲンエキを退く。
□㉟ 刀でキられる役を演じる。
□㊱ 体がスイジャクする。
□㊲ 先祖の墓にモウでる。
□㊳ 車の流れがトドコオる。
□㊴ 虫にサされる。
□㊵ カンゾウによい食べ物。

考える人になろう

□㊶ 異文化にセッショクする。
□㊷ サワって温度を確かめる。

□㊸ 動物とフれ合う。

たのしい制約

□㊹ 飛行機の尾《び》ヨクが壊れる。

□㊺ 博物館で古いツルギを見る。

□㊻ コトの外、好評を得た。

□㊼ 渋滞《じゅうたい》がマンセイ化した道。

□㊽ 鳥がツバサを休める。

□㊾ ケンドウ三段の腕前。

□㊿ トクシュな加工の鍋《なべ》。

㊸	㊹	㊺	㊻	㊼	㊽	㊾	㊿

2 次の（　）に当てはまる語句を後から選び、書き入れなさい。

「不便」の価値を見つめ直す

□① 店内に、便利で安い商品が（　　　　）。

□② これでいいのだろうかと、疑問が（　　　　）。

□③ こまめに点検して、機械の劣化を（　　　　）。

□④ 相手に伝わるように、具体例を（　　　　）。

□⑤ 赤信号を（　　　　）ことのないよう注意する。

見過ごす　防ぐ　あふれる　挙げる　生じる

3 次の各文の中から、使い方の誤っている漢字を抜き出して上の（　）に書き、正しい漢字を下の（　）に書きなさい。

「不便」の価値を見つめ直す

□① 介護使設に就職する。（　　）→（　　）

□② 販売《はんばい》を捉進する方法を考える。（　　）→（　　）

漢字に親しもう4

□③ 多くの業務に防殺される。（　　）→（　　）

□④ 選手の完璧な身のこなし。（　　）→（　　）

たのしい制約

□⑤ 道場で検術を習う。（　　）→（　　）

□⑥ 自満の歌声を披露する。（　　）→（　　）

4 次の□に縦横ともに一つの熟語になるよう、漢字を入れなさい。

「不便」の価値を見つめ直す

□① 救↓□↓助　応→□→護

□② 打↓□↓木　転→□→置

8 自分を見つめる

教科書 198▼236 ページ

学習日 ／　／

少年の日の思い出

教科書 198▼213 ページ

新出漢字

漢字	読み方	部首	画数	筆順	用例
P198 斎	サイ	斉 せい	11画	文 齐 斉 斉 斎 斎	**斎場**で告別式を行う。 **潔斎**して神事をとり行う。 父の**書斎**に入る。
P198 腰	（ヨウ） こし	月 にくづき	13画	月 肝 胛 腰 腰	**腰痛**《ようつう》で苦しむ。 **腰**にエプロンを巻く。 切り株に**腰掛ける**。
P198 縁	エン ふち	糸 いとへん	15画	紀 紀 紀 縁 縁 縁	**縁側**でお茶を飲む。 **縁**がないと断念する。 服の裾をレースで**縁取る**。
P199 闇	やみ	門 もんがまえ	17画	丨 门 門 門 闇 闇	**闇**の中を歩く。 **闇夜**で何も見えない。 **暗闇**から犬が飛び出した。
P199 妙	ミョウ	女 おんなへん	7画	く 女 女 如 妙 妙	**妙案**が浮かぶ。 **妙**なことが起こる。 **絶妙**な演技を味わう。
P199 愉	ユ	忄 りっしんべん	12画	忄 忄 怜 怜 愉 愉	**不愉快**な話を聞く。 **愉悦**《えつ》の表情を浮かべる。 学問に深い**愉楽**を感じる。

漢字	読み方	部首	画数	筆順	用例
P200 微	ビ	彳 ぎょうにんべん	13画	彳 彴 徃 徉 徴 微	**微生物**を顕《けん》微鏡で見る。 **微力**ながら手伝う。 **微笑**《しょう》を浮かべる。
P200 恥	チ **はじる** はじ **はじらう** **はずかしい**	心 こころ	10画	一 丅 耳 耳 耳 恥	**無恥**な言動を反省する。 名に**恥じ**ない行動を取る。 **恥**をかくことで成長する。 花も**恥じらう**乙女《おとめ》。 人前に立つのが**恥ずかしい**。
P200 甲	コウ カン	田 た	5画	丨 冂 日 日 甲	かぶと虫は**甲虫類**だ。 中国最古の**甲骨文字**。 **甲高い**声でさけぶ。
P200 戯	ギ （たわむ**れる**）	戈 ほこがまえ ほこづくり	15画	⺊ 广 虍 虚 戯 戯	有名な**戯曲**を鑑賞《かんしょう》する。 言葉の**遊戯**を楽しむ。 子供が猫と**戯**《たわむ》**れる**。
P200 塔	トウ	土 つちへん	12画	土 圹 垬 垬 塔 塔	**管制塔**の指示を待つ。 **石塔**に花を供える。 **塔**に雷が落ちる。
P201 網	モウ あみ	糸 いとへん	14画	糸 紅 網 網 網 網	首都の**交通網**を整備する。 犯罪組織を**一網打尽**にする。 **網**で魚をすくう。
P201 伏	フク **ふせる** **ふす**	亻 にんべん	6画	ノ 亻 仁 什 伏 伏	**起伏**の激しい山脈。 相手が来るのを**待ち伏せる**。 物陰に**伏し**、様子をみる。

ページ	漢字	読み	部首	画数	例文
P201	斑	ハン	文 ぶん	12画	赤い**斑点**ができる。**斑文**のある金魚。赤ちゃんの**蒙古**《もうこ》**斑**。
P201	瓶	ビン	瓦 かわら	11画	**花瓶**に花を生ける。**鉄瓶**でお湯を沸かす。**瓶**のふたを開ける。
P201	栓	セン	木 きへん	10画	ビルに**消火栓**を設置する。ガスの**元栓**を閉める。瓶に**栓**をする。
P203	範	ハン	竹 たけかんむり	15画	テスト**範囲**が発表される。書道の**師範**になる。先生が生徒に**模範**を示す。
P203	妬	ト ねた**む**	女 おんなへん	8画	二人の仲を**嫉**《しっ》**妬**する。人の幸せを**妬む**。
P203	陥	カン おちい**る** (おとしい**れる**)	阝 こざとへん	10画	**欠陥**のある車を修理に出す。敵の作戦にまんまと**陥る**。人を罪に**陥**《おとし》**れる**。
P204	攻	コウ せ**める**	攵 ぼくにょう のぶん	7画	激しい**攻防戦**を繰り広げる。敵の**攻撃**から身を守る。正面から敵を**攻める**。
P204	呈	テイ	口 くち	7画	記念品を**進呈**する。感謝状を**贈呈**する。若者に苦言を**呈する**。
P204	羨	(セン) うらや**む** うらや**ましい**	羊 ひつじ	13画	**羨望**《せんぼう》のまなざしを向ける。人の成功を**羨む**。歌が上手な人が**羨ましい**。

ページ	漢字	読み	部首	画数	例文
P205	雅	ガ	隹 ふるとり	13画	宮中で**雅楽**が演奏される。**風雅**な日本庭園を観賞する。**優雅**な生活を送る。
P206	悟	ゴ さと**る**	忄 りっしんべん	10画	試練に挑む**覚悟**を決める。**悔悟**して態度を改める。自分の運命を**悟る**。
P206	震	シン ふる**う** ふる**える**	雨 あめかんむり	15画	**震災**の復興に努める。あまりの惨状《さんじょう》に**身震い**する。外気の冷たさに**震える**。
P206	繕	ゼン つくろ**う**	糸 いとへん	18画	古い校舎の**営繕費**。屋根の**修繕**をする。服のほころびを**繕う**。
P207	罰	バツ バチ	罒 あみがしら あみめ	14画	交通違反の**罰金**を払う。違法行為《こうい》で**罰**を受ける。**罰**が当たる。
P208	丹	タン	丶 てん	4画	**丹精**を込めて料理を作る。参考書を**丹念**に調べる。
P209	依	イ (エ)	亻 にんべん	8画	**依然**、変化のない状況。講演を**依頼**する。仏教に**帰依**《きえ》する。
P209	蔑	ベツ さげす**む**	艹 くさかんむり	14画	人を**軽蔑**すべきでない。**蔑視**され傷ついた。**蔑む**ような言い方はやめよう。
P209	喉	コウ のど	口 くちへん	12画	**喉頭**に痛みがある。水で**喉**をうるおす。獲物の**喉笛**にかみつく。

漢字	読み方	部首・画数	筆順	用例
P209 罵	バ ののしる	罒 あみがしら あみめ 15画	罒 罒 罒 罵 罵	罵声を浴びせる。罵倒され頭に血が上る。けんかをして互いを罵る。
P210 償	ショウ つぐなう	亻 にんべん 17画	亻 亻 償 償 償 償	割った花瓶を弁償する。最新版を無償で提供する。刑に服し罪の償いをする。

新出音訓（□は新しく習う読み方）

漢字	読み方	用例
P199 閉	ヘイ とじる・[とざす]・しめる・しまる	扉を固く閉ざす。
P200 笑	[ショウ] わらう・えむ	優《やさ》しい微笑を浮かべる。
P205 犯	ハン [おかす]	法を犯すと罰《ばっ》せられる。
P207 切	セツ・[サイ] きる・きれる	一切の連絡を断《た》つ。

特別な読み方をする語

203 息子【むすこ】

使い分けに注意

震

▼同じ「シン」という音をもつ「振」は、意味も似ている。同音の熟語の使い分けに注意しよう。

・震動…地面や大きなものがゆれ動くこと。「大地が震動する」のように、自然に対して使われることが多い。

・振動…ゆれ動くこと。「車体が振動する」などと使う。

重要な語句

◆は教科書中にある「注意する語句」

198ページ

◆2 色あせる　（ここでは）色が薄くなり、つやもなくなる。

◆6 よみがえる　（ここでは）失われていたものがもとに戻る。
文 子供の頃の懐《なつ》かしい記憶《きおく》がよみがえる。

199ページ

◆1 たちまち　あっと言う間に。
文 たちまち黒山の人だかりになった。

200ページ

◆12 熱情(的)　燃えあがるような激しい感情(を抱いている様子)。

◆4 けがす　汚す。傷つける。

◆14 打ち込む　（ここでは）他を忘れて一つのことに集中する。

201ページ

◆3 身にしみる　心に深く感じる。
文 父に言われたことが、今になって身にしみる。

◆5 むさぼる　あきることなく、あることをし続ける。

◆14 微妙　細かなところに重要な意味が込められていて、ひと口に言い表せない様子。

203ページ

◆1 非の打ちどころがない　全く欠点がない様子。

◆2 悪徳　人の道に背くようなひどい心や行い。 対 美徳

205ページ

◆8 あいにく　具合の悪いことに。運悪く。
文 祖母の家に寄ってみたが、あいにく留守だった。

206ページ

◆1 良心　善悪を見分け、行いを正しくしようとする心の働き。

◆2 下劣　品が悪く、いやしい様子。

◆14……ばかり　（ここでは）今にも……しそうだ。
文 雨が今にも降りださんばかりのくもり空だ。

207ページ

◆8告白　心の中に隠していたことを打ち明けること。
文 自分のあやまちを告白する。
関 白状　自分の罪や秘密を打ち明けること。
関 独白　独り言。
関 表白　自分の考えを言葉にして伝えること。
◆8しのぶ　（ここでは）つらいことを我慢する。

208ページ

◆7おそらく　たぶん。
文 明日はおそらく晴れるだろう。
◆17丹念　心を込めて、丁寧《ていねい》にする様子。

209ページ

◆1……よしもない　方法もない。手段もない。
文 絶滅《ぜつめつ》した動物を復活させるよしもない。
◆8冷《れい》淡《たん》　思いやりがなく、不親切な様子。対 親切
◆16冷然　冷ややかで思いやりのない様子。
◆16……を盾に　……を口実にして。……を言い訳にして。
文 自由を盾に、規則を守らないのはおかしい。
◆17あなどる　相手を見下して、ばかにする。
文 敵チームの戦力をあなどり、負けてしまった。

210ページ

◆3根掘り葉掘り　細かいことを一つ一つ問いただす様子。
関 根も葉もない　根拠やよりどころがない。
関 根を下ろす　しっかりと物事の基礎を築く。
関 根を張る　新しい考えなどが受け入れられ定着する。

漢字に親しもう5

教科書 214 ページ

新出漢字

漢字	読み方	部首	画数	筆順	用例
P214 箸〈箸〉	はし	⺮ たけかんむり	14画	⺮ 竺 笠 笋 箸 箸	**菜箸**で食材を混ぜる。和風の味付けに**箸**が進む。
P214 喫	キツ	口 くちへん	12画	口 吋 咕 啣 喫 喫	夏休みに海水浴を**満喫**する。惜《お》しくも敗北を**喫**する。**喫茶**《さ》**店**でコーヒーを飲む。
P214 抹	マツ	扌 てへん	8画	扌 扌 扌 抹 抹 抹	茶道部で**抹茶**をたてる。将来に一**抹**の不安を残す。選手登録を**抹消**される。
P214 窯	（ヨウ） かま	穴 あなかんむり	15画	宀 穴 空 窄 窒 窯	**窯業**《ようぎょう》の盛んな土地。清水焼《きよみずやき》の**窯元**を営む。**窯**から皿を取り出す。
P214 腐	フ くさる くさ**れる** くさ**らす**	肉 にく	14画	广 府 腐 腐 腐 腐	豆**腐**を冷やして食べる。肉が**腐る**。彼女とはずっと**腐れ縁**《えん》だ。魚を**腐らす**。
P214 脂	シ あぶら	月 にくづき	10画	月 月 月 脂 脂 脂	**脂質**を分解する物質。**油脂**は水に溶けにくい。まぐろの**脂身**を食べる。

	P214 肪	P214 霊	P214 幻	P214 尾	P214 奇	P214 錯	P214 胆	P214 貫
読み方	ボウ	レイ (リョウ) (たま)	ゲン まぼろし	ビ お	キ	サク	タン	カン つらぬく
部首	月 にくづき	雨 あめかんむり	幺 よう いとがしら	尸 しかばね かばね	大 だい	金 かねへん	月 にくづき	貝 かい
画数	8画	15画	4画	7画	8画	16画	9画	11画
筆順	月 月 月' 肪 肪 肪	雨 雨 雫 雫 霊 霊	く 幺 幺 幻	一 コ 尸 尸 尾 尾	大 太 奆 奇 奇 奇	金 金 金 錯 錯 錯	月 肌 肌 胆 胆 胆	口 四 毌 毌 貫 貫
用例	クマが脂肪を蓄える。 体脂肪を減らす。	全身全霊をかけて戦う。 怨霊《おんりょう》のたたりを恐れる。 祖母の御霊《みたま》をまつる。	変幻自在に役を演じる。 幻想的な詩を読む。 幻の虫を見つける。	首尾よく話が進む。 文章の末尾に句点を打つ。 尾根伝いに山脈を渡る。	奇想天外なアイデア。 奇数と偶数に分ける。 彼は好奇心が強い。	錯乱状態に陥る。 目の錯覚を利用した絵。 試行錯誤を重ねた新商品。	大胆不敵に立ち向かう。 不合格の知らせに落胆する。 事業の推進に肝胆を砕《くだ》く。	首尾一貫した説明。 トンネルが貫通する。 自分の意志を最後まで貫く。

新出音訓

（□は新しく習う読み方）

漢字	読み方	用例
P214 器	キ [うつわ]	器にご飯をよそう。
P214 茶	チャ・[サ]	喫茶店に入る。
P214 熟	ジュク [うれる]	果実が熟れる。
P214 焼	[ショウ] やく・やける	脂肪を燃焼させる。

形に注意

霊

▼「雨（あめかんむり）」の下は「亚」。短い横画を忘れずに書く。また、「並」ともしないように注意。

随筆二編

教科書 216▼219 ページ

新出漢字

漢字	読み方	部首	画数	筆順	用例
P216 随	ズイ	阝 こざとへん	12画	阝 阝' 阝ナ 陏 隋 随	申し込みを随時受理する。 首相の外国訪問に随行する。 有名作家の随筆を読む。
P216 憧	ショウ あこがれる	忄 りっしんべん	15画	忄 忄亠 忙 愔 憧 憧	西欧《せいおう》の貴族の館に憧憬《けい》する。 優秀な先輩に憧れを抱く。

ページ	漢字	読み方	部首	画数	筆順	用例
P216	軒	ケン のき	車 くるまへん	10画	亘 亘 車 車 軒 軒	二十数**軒**の家が並ぶ。 **軒下**につばめが巣を作る。 あてが**軒並**み外れる。
P216	埋	マイ う**める** う**まる** う**もれる**	土 つちへん	10画	土 圵 坦 坦 埋 埋	**埋蔵**されていた宝物。 空白を文字で**埋める**。 地中に**埋まる**資源。 道路が雪に**埋もれる**。
P216	濃	ノウ こ**い**	氵 さんずい	16画	氵 洪 浬 濃 濃 濃	**濃縮**したりんごジュース。 食塩水の**濃度**を計算する。 **濃い**霧《きり》が立ち込める。
P217	憶	オク	忄 りっしんべん	16画	丷 忄 忙 愔 憶 憶	**憶測**でものを言う。 昔の**記憶**がよみがえる。 **追憶**にふける。
P218	逃	トウ に**げる** に**がす** の**がす** の**がれる**	辶 しんにょう しんにゅう	9画	丿 丬 丬 兆 逃 逃	**逃走**した犯人を捕《つか》まえる。 鬼《おに》ごっこで鬼役から**逃げる**。 釣《つ》った魚を**逃がし**てしまう。 訪れた好機を**見逃す**。 都会から**逃れ**田舎で暮らす。
P218	膜	マク	月 にくづき	14画	月 腊 腊 膜 膜 膜	**角膜移植**の手術を受ける。 **結膜炎**《えん》をわずらう。 金属を油の**膜**で覆う。
P218	匂	にお**う**	勹 つつみがまえ	4画	丿 勹 勺 匂	若葉が**匂う**。 石けんのよい**匂い**。

新出音訓（□は新しく習う読み方）

漢字	読み方	用例
P217 革	カク ［かわ］	電車の**つり革**を使う。
P218 井	（セイ）・［ショウ］ い	天井が高い家。

送り仮名に注意

憧

▼「憧れる」や「憧れ」を「憧がれる」や「憧がれ」としないように注意する。

重要な語句　◆は教科書中にある「注意する語句」

216ページ

◆2 **憧　れ**　理想とする物事に強く心が引かれること。
文 外国での暮らしに憧れを抱く。

217ページ

◆1 **際　限**　物事の終わり。限り。果て。
文 際限なく続く彼女の話に付き合う。

◆3 **引き立てる**　（ここでは）いちだんとよく見えるようにする。
文 さまざまな演出が主役の演技を引き立てる。

9 **まとわりつく**　そばにいて離れない。

◆11 **至　福**　この上ない幸せ。 類 幸福・最上
文 おいしいケーキを食べて、至福の時を過ごす。

218ページ

◆5 **せわしい**　（ここでは）動きが速く、ゆとりがない様子。
文 母のせわしい足音が聞こえる。

◆11 **晴れやかだ**　（ここでは）はなやかさがある様子。

言葉3　さまざまな表現技法

教科書 224▼226 ページ

新出漢字

漢字	読み方	部首	画数	筆順	用例
P224 韻	イン	音 おとへん	19画	亠 立 音 音 韻 韻	**韻文**の形式を学ぶ。**韻律**の整った漢詩。勝利の**余韻**にひたる。
P224 替	タイ かえる かわる	日 ひらび いわく	12画	二 夫 夫 扶 替 替	**交替**で車を運転する。衣類を**入れ替える**。新しい市長に**替わる**。
P226 蜂	ホウ はち	虫 むしへん	13画	虫 虫 虫 蚁 蜂 蜂	民衆が**蜂起**する。父は**養蜂家**だ。**蜂**の巣を見つけた。
P226 擬	ギ	扌 てへん	17画	扌 扌 擬 擬 擬 擬	道具を使い波の**擬音**を作る。動物を人に例える**擬人法**。草木に**擬態**する昆虫《こんちゅう》。
P226 亀	キ かめ	亀 かめ	11画	亀 亀 亀 亀 亀 亀	道路に**亀裂**《れつ》が入る。水族館で**亀**を見る。**亀**の甲より年の功

新出音訓

（□は新しく習う読み方）

漢字	読み方	用例
P225 対	タイ・［ツイ］	漢文で**対句**が使われる。

漢字3　漢字の成り立ち

教科書 227▼228 ページ

新出漢字

漢字	読み方	部首	画数	筆順	用例
P227 符	フ	竹 たけかんむり	11画	竹 竹 符 符 符 符	漢字の音を表す部分を**音符**という。問題に**終止符**を打つ。往復の**切符**を買う。
P228 峠	とうげ	山 やまへん	9画	山 山 山 峠 峠 峠	**峠道**を歩く。病が**峠**を越し回復に向かう。
P228 刃	（ジン） は	刀 かたな	3画	フ 刀 刃	**白刃**《はくじん》を踏む思い。包丁の**刃**をとぐ。**付け焼き刃**の知識。
P228 狩	シュ かる かり	犭 けものへん	9画	ノ 犭 犭 狩 狩 狩	山野に入り**狩猟**《りょう》を行う。獲物を**狩る**生活。秋に**紅葉狩**《もみじ》**り**をする。
P228 販	ハン	貝 かいへん	11画	目 貝 貝 販 販 販	新製品が**販売**される。新たな**販路**を模索する。**市販**のかぜ薬を飲む。
P228 諭	ユ さとす	言 ごんべん	16画	言 諭 諭 諭 諭 諭	**教諭**に教えを乞《こ》う。教え子を**説諭**する。非を**諭す**。
P228 苛	カ	艹 くさかんむり	8画	一 艹 艹 苛 苛 苛	**苛酷**《こく》な練習に耐《た》える。**苛烈**なリーグ戦を勝ち進む。

漢字に親しもう6

教科書 229 ページ

新出音訓（□は新しく習う読み方）

漢字	読み方	部首	画数	筆順	用例
P228 伯	ハク	亻 にんべん	7画	亻 亻' 伯 伯 伯	画**伯**の作品を飾る。実力が**伯**仲した勝負。**伯**爵《しゃく》の位を授かる。
P228 拍	ハク ヒョウ	扌 てへん	8画	扌 扌' 拍 拍 拍	選手に大きな**拍**手を送る。手首で脈**拍**を取る。転んだ**拍**子にけがをする。
P228 泊	ハク とまる とめる	氵 さんずい	8画	氵 氵' 泊 泊 泊	港に客船が停**泊**する。祖父母の家に**泊まる**。家に客人を**泊める**。
P228 何	[カ] なに・なん				幾**何**学模様をデザインする。

新出漢字

漢字	読み方	部首	画数	筆順	用例
P229 穫	カク	禾 のぎへん	18画	禾 秆 秆 穫 穫 穫	とうもろこしを収**穫**する。
P229 廷	テイ	廴 えんにょう	7画	二 千 壬 任 廷 廷	宮**廷**に仕える女官。罪を法**廷**で裁く。裁判に出**廷**して証言する。
P229 幣	ヘイ	巾 はば	15画	丷 尚 尚 㡀 敝 幣	紙**幣**の枚数を数える。母は造**幣**局に勤めている。貨**幣**の価値が変わる。
P229 更	コウ さら （ふける）（ふかす）	曰 ひらび いわく	7画	一 𠂇 百 亘 更 更	進路を何度も変**更**する。土地を**更**地に戻す。夜が**更**《ふ》**ける**。夜**更かし**をする。
P229 迭	テツ	辶 しんにょう しんにゅう	8画	𠂉 生 失 迭 迭 迭	監督《かんとく》を**更迭**する。
P229 勲	クン	力 ちから	15画	二 旨 重 重 動 勲	文化**勲**章を授与される。武**勲**をあげて昇進する。国際大会で**勲**功をたてる。
P229 虚	キョ （コ）	虍 とらがしら とらかんむり	11画	𠂉 广 虍 虎 虚 虚	**虚**心に物事に当たる。**虚**勢を張って正当化する。**虚**空《こくう》をつかむしぐさ。
P229 偽	ギ いつわる （にせ）	亻 にんべん	11画	亻 仏 伪 伪 偽 偽	虚**偽**の情報を見抜く。気持ちを**偽らず**伝える。**偽**物《にせもの》を見つけ出す。
P229 琴	キン こと	王 おうへん たまへん	12画	丅 王 玨 琹 琴 琴	心の**琴**線に触れる詩。曲を木**琴**で演奏する。お**琴**の教室を開く。
P229 鼓	コ （つづみ）	鼓 つづみ	13画	士 吉 壴 鼓 鼓 鼓	心臓の**鼓**動が速くなる。合格の太**鼓**判を押される。**鼓**《つづみ》を打ち鳴らす。

漢字	読み方	部首・画数	用例
惜 P229	セキ おしい おしむ	忄 りっしんべん 11画	**惜別**の思いが込み上げる。飲食をする時間が**惜しい**。学問のために寸暇を**惜しむ**。
据 P229	すえる すわる	扌 てへん 11画	研究に腰を**据える**。台所に流し台を**据え置く**。赤ちゃんの首が**据わる**。
汗 P229	カン あせ	氵 さんずい 6画	風呂《ふろ》で**発汗**を促す。トレーニングで額に**汗する**。失敗して**冷や汗**をかく。

新出音訓

（□は新しく習う読み方）

漢字	読み方	用例
商 P229	ショウ あきなう	乾物の**商い**を始める。
来 P229	ライ くる・きたる・きたす	**来る**三日に発表会を行う。雪で交通に支障を**来す**。
提 P229	テイ さげる	肩《かた》からかばんを**提げる**。

書き誤りに注意

幣

▼同じ「ヘイ」という音をもち、形も似ている「弊」（↓2年）と書き誤らないようにする。「幣」は神に供えるものやお金。「弊」は破れること、悪いことを意味する。

・幣…例御幣《ごへい》・貨幣　・弊…例疲弊《ひへい》・語弊《ごへい》・弊社《へいしゃ》

迭

▼「送」と形が似ていて書き誤りやすいので、注意する。「迭」は、かわる・入れかわるという意味。

部首に注意

勲

▼部首は「力（ちから）」。「灬（れんが・れっか）」ではないので注意。部首が「力」の漢字には、ほかに「勝」や「募」（↓2年）、「労」などがある。

覚えておこう

虚　**偽**

▼ともに、うそやいつわりを意味する漢字。「虚偽」と重ねて熟語とする。対義語は「真実」。また、それぞれ「虚」⇔「実」、「偽」⇔「真」が対義語になり、「虚実」「真偽」という熟語を作る。

読みに注意

来る

▼月日など「これから先にくる、この次の」の意味の場合は「く（る）」ではなく「きた（る）」と読む。対義語は「去る」。

重要な語句

229ページ

- 下4 **腰を据える**　一つの事に落ち着いて取り組む。
- 下5 **琴線に触れる**　素晴らしいものに触れて、深く心に感じること。
- 下6 **太鼓判を押す**　絶対に間違いないと保証する。
- 下7 **寸暇を惜しむ**　ほんの少しの暇も大切にし、何かに没頭《ぼっとう》する。
- 下8 **二の足を踏む**　物事を実行するのに、ためらう。
- 下10 **額に汗する**　汗を流して一生懸命働く。

文法・漢字・振り返り／学習を広げる

教科書 238▼291 ページ

学習日 ／ ／

文法1 言葉の単位

教科書 238▼241 ページ

特別な読み方をする語

240 風邪【かぜ】

手紙の書き方

教科書 276▼277 ページ

特別な読み方をする語

276 梅雨【つゆ】

276 紅葉【もみじ】

坊《ぼ》っちゃん

教科書 278▼287 ページ

特別な読み方をする語

279 相撲【すもう】

281 足袋【たび】

283 差し支える【さしつかえる】

285 土産【みやげ】

重要な語句

278ページ

上1 無鉄砲《てっぽう》　深く考えないで、物事をむやみにする様子。

文 一人で海外へ行くなんて無鉄砲だ。

下6 背戸　家の裏門。裏口。

280ページ

下10 愛想《あいそ》をつかす　あきれて、すっかり嫌になる。

下11 持て余す　どうしてよいか始末に困る。

282ページ

上9 立身出世　成功して高い地位につき、有名になること。

上15 了《りょう》見《けん》　気持ち。考え方。

283ページ

上12 二束三文　非常に安い値段にしかならないこと。

下5 毛頭　（下に打ち消しの語がきて）少しも。全然。

285ページ

上12 ふいちょう　誰《だれ》にでも大げさに言い広めること。

幻《まぼろし》の魚は生きていた

教科書 288▼291 ページ

重要な語句

288ページ

下9 節度　言動などが、度を越《こ》すことなく、ちょうどよい程度。

289ページ

上6 切実　その人に直接関わって、きわめて重要な様子。

下5 愛着　親しみが深く、強く心を引かれること。

291ページ

上2 悠《ゆう》然《ぜん》　あわてたりしないで、ゆったりとしている様子。

上8 かて　（ここでは）生活に必要なもの。

基本ドリル 1

⑧ 自分を見つめる

解答 111ページ

学習日 ／ ／

1 ——線の漢字の読み方を書きなさい。

少年の日の思い出

- ① 書斎で本を読む。
- ② ベンチに腰掛ける。
- ③ 文字を線で縁取る。
- ④ 不思議な縁で巡《めぐ》り合う。
- ⑤ 闇の中を手探りで進む。
- ⑥ 堅く口を閉ざす。
- ⑦ 妙なうわさを耳にする。
- ⑧ 不愉快な思いをする。
- ⑨ 微笑を浮かべた女性。
- ⑩ 人前で話すのは恥ずかしい。
- ⑪ 無恥な態度を注意する。
- ⑫ 恥を恐れず質問する。
- ⑬ 甲高い声が響き渡る。
- ⑭ ホタルは甲虫類だ。
- ⑮ 公園で遊戯を楽しむ。
- ⑯ 眺望のよい塔に登る。
- ⑰ 魚が網にかかる。
- ⑱ 雪で交通網が乱れる。
- ⑲ 曲がり角で待ち伏せる。
- ⑳ 妹は感情の起伏が激しい。
- ㉑ 足に赤い斑点がある。
- ㉒ 空の瓶を再利用する。
- ㉓ 耳に栓をする。
- ㉔ 息子に弁当を作る。
- ㉕ 新入生の模範となる。
- ㉖ 友達の成績を妬む。
- ㉗ 仲の良い二人を嫉《しっ》妬する。
- ㉘ 欠陥がないか調べる。
- ㉙ 不測の事態に陥る。
- ㉚ 敵の攻撃をかわす。
- ㉛ 相手の弱点を攻める。
- ㉜ 苦言を呈する。
- ㉝ 羨ましいほどの能力。
- ㉞ 優雅な時間を過ごす。
- ㉟ 簡単なミスを犯す。
- ㊱ 顔色から結果を悟る。
- ㊲ 失敗は覚悟のうえだ。
- ㊳ 寒さで声が震える。
- ㊴ 震災からの復旧に取り組む。
- ㊵ 破れたズボンを繕う。
- ㊶ マンションを修繕する。
- ㊷ 悪とは一切関与しない。
- ㊸ どんな罰も甘受する。
- ㊹ とんだ罰当たりだ。
- ㊺ 丹念にガラスを磨く。
- ㊻ 依然雨雲に覆われている。

□㊼ うそつきを軽蔑する。
□㊽ 人を蔑むような目つき。
□㊾ 猫が喉笛を鳴らす。
□㊿ 喉頭の検査をする。
□51 けんかの相手を罵る。
□52 罵声が飛び交《か》う。
□53 あやまちの償いをする。
□54 無償の愛を注ぐ。

漢字に親しもう5

□55 菜箸で野菜をいためる。
□56 漆塗《うるしぬ》りの器を使う。
□57 喫茶店で朝食をとる。
□58 和室で抹茶を飲む。
□59 窯でパンを焼く。
□60 熟れた果実を食べる。
□61 豆腐を一丁買う。
□62 樹木の根が腐る。
□63 内臓の脂肪を減らす。
□64 脂がのったサバ。
□65 ガスを燃焼させる。
□66 研究に全身全霊を傾《かたむ》ける。
□67 変幻自在の怪盗《かいとう》。
□68 白昼に幻を見る。
□69 計画が首尾よくまとまる。
□70 尾根伝いに歩く。
□71 彼の作品は奇想天外だ。
□72 試行錯誤を繰り返す。
□73 大胆不敵に突《つ》き進む。
□74 首尾一貫した主張。
□75 最後まで信念を貫く。

2 次の語句を使って短文を作りなさい。

少年の日の思い出

□① 身にしみる（　　　）
□② あいにく（　　　）
□③ おそらく（　　　）

3 次の漢字の対義語を後から選び、漢字で書きなさい。

少年の日の思い出

□① 特別↕（　　　）
□② 悪徳↕（　　　）
□③ 有名↕（　　　）
□④ 冷淡《れいたん》↕（　　　）

けってん　しんせつ　びとく　ふつう　むめい

確認ドリル 1

8 自分を見つめる

解答 111ページ

学習日 ／ ／

1 次の片仮名を漢字で書きなさい。

少年の日の思い出

□① 水道のセンを閉める。
□② 激しいコウゲキを繰り返す。
□③ 破れた服をツクロう。
□④ ミョウアンを思いつく。
□⑤ イッサイうそはつくまい。
□⑥ アミドで虫を防ぐ。
□⑦ エンガワで昼寝《ひるね》する。
□⑧ 緊張して声がフルえる。
□⑨ バチ当たりだと非難する。
□⑩ 友人の成功を嫉《しっ》トする。
□⑪ 壊した物をベンショウする。
□⑫ ショサイで仕事をする。
□⑬ ケイベツされる振る舞い。
□⑭ 人生の厳しさをサトる。
□⑮ 鳥もハじらうほどの美声。
□⑯ 首位からカンラクする。
□⑰ 船のカンパンへ上がる。
□⑱ 悪人をイチモウ打尽にする。
□⑲ 体を地面にフせる。
□⑳ 管制トウの指示で着陸する。
□㉑ 会場の入り口をトざす。
□㉒ 羽にハンテンのある虫。
□㉓ ノドによい薬を飲む。
□㉔ 同僚《どうりょう》の出世をネタむ。
□㉕ 大勢の前でハジをかく。
□㉖ シェークスピアのギキョク。
□㉗ 下級生のモハンとなる。
□㉘ ジシンに強い構造。
□㉙ 休日をユカイに過ごす。
□㉚ 城をセめ落とす。
□㉛ スランプにオチイる。
□㉜ 姉の結婚をウラヤむ。
□㉝ 宮中でガガクが演奏される。
□㉞ 法をオカしかねない。
□㉟ 厚顔ムチな行いにあきれる。
□㊱ カクゴを決めて勉強する。
□㊲ コシにベルトを巻く。
□㊳ 粗品《そしな》をシンテイする。
□㊴ クラヤミの中を歩く。
□㊵ 古い校舎をシュウゼンする。
□㊶ 失敗をバトウされた。
□㊷ 駐車違反のバッキンを払う。
□㊸ 口元にビショウをたたえる。
□㊹ タンセイ込めて作った料理。
□㊺ 石油を輸入にイソンする。
□㊻ 亀《かめ》のコウより年の功。

①	②
③	④
⑤	⑥
⑦	⑧
⑨	⑩
⑪	⑫
⑬	⑭
⑮	⑯
⑰	⑱
⑲	⑳
㉑	㉒
㉓	㉔
㉕	㉖
㉗	㉘
㉙	㉚
㉛	㉜
㉝	㉞
㉟	㊱
㊲	㊳
㊴	㊵
㊶	㊷
㊸	㊹
㊺	㊻

□㊼ ムスコと旅行をする。
□㊽ ガクブチに絵を入れる。
□㊾ 耳鼻咽《じびいん》コウ科の医師。
□㊿ 口汚くノノシる。
□51 キフクの緩《ゆる》やかな丘。
□52 損害をツグナう。
□53 ガラスのビンを洗う。
□54 サゲスむような笑い。

漢字に親しもう5

□55 肉のアブラ身を調理する。
□56 弾が壁をカンツウする。
□57 先日のけんかがオを引く。
□58 ガラスのウツワに盛る。
□59 不完全ネンショウに終わる。
□60 かきがウれて落ちた。
□61 キスウは二で割り切れない。
□62 魚がクサる。
□63 体シボウを測定する。
□64 サイバシで卵をかき混ぜる。
□65 キッサ店で待ち合わせる。
□66 カマで皿を焼く。
□67 ゲンカクに悩まされる。
□68 最後まで考えをツラヌく。
□69 ゴビまではっきり話す。
□70 全身ゼンレイをささげる。
□71 動物性のユシをとる。
□72 もう朝だとサッカクした。

□73 ダイタン不敵な作戦。
□74 イチマツの不安が残る。
□75 夏休みをマンキツする。
□76 あの宝物は夢かマボロシか。
□77 トウフのみそ汁《しる》を作る。

2 次の（　）の中で、送り仮名の正しいものを選び、記号で答えなさい。

少年の日の思い出

□① 忘れ物をして、苦境に（ア　陥いる　イ　陥る）。（　　）
□② （ア　珍しい　イ　珍らしい）色の花を見つける。（　　）

3 次の文の□に当てはまる漢字を後から選び、書き入れなさい。

少年の日の思い出

□① 彼はスポーツもできるし、性格もよくて、□の打ちどころがない。
□② 権力と地位を□に、勝手なことをするのはひきょうだ。
□③ 先生に宿題をやってこなかった理由を□掘り□掘り聞かれた。

根　非　葉　盾

基本ドリル 2

8 自分を見つめる

解答 112ページ

学習日　／　／

1 ——線の漢字の読み方を書きなさい。

随筆二編

□① 好きな作家の随筆を読む。
□② 南の島に憧れを抱く。
□③ 華《はな》やかな世界を憧憬《けい》する。
□④ 民家が二十数軒続く。
□⑤ 軒下に風鈴《ふうりん》を下げる。
□⑥ バス停が雪に埋もれる。
□⑦ 幕府の埋蔵金を探す。
□⑧ 濃いお茶を飲む。
□⑨ 果汁《かじゅう》を濃縮する。
□⑩ 幼い日の記憶をたどる。
□⑪ つり革につかまる。
□⑫ 文字の誤りを見逃す。
□⑬ 事件現場から逃走する。
□⑭ スズメバチから逃げる。
□⑮ 温めた牛乳に膜が張る。
□⑯ バラのよい匂いが漂《ただよ》う。
□⑰ 天井を布で飾る。

言葉3

□⑱ 思い出の余韻にひたる。
□⑲ 気持ちを入れ替える。
□⑳ 交替で車を運転する。
□㉑ 対句を使い強調する。
□㉒ 庭木に蜂が巣を作る。
□㉓ 怒った民衆が蜂起する。
□㉔ 動物を擬人法で表現する。
□㉕ 水槽《すいそう》で亀を飼う。
□㉖ 路面に亀裂《れつ》が入る。

漢字3

□㉗ 版の「反」の部分は音符だ。
□㉘ 馬で峠を越える。
□㉙ はさみの刃をとぐ。
□㉚ 狩猟《りょう》に関する法律。
□㉛ 紅葉《もみじ》狩りに山へ出かける。
□㉜ 販路を海外に拡大する。
□㉝ 国語科の教諭を志望する。
□㉞ 不真面目な生徒を諭す。
□㉟ 数学では幾何が得意だ。
□㊱ 苛酷《こく》な耐久レース。
□㊲ 二人の実力が伯仲する。
□㊳ 新郎《しんろう》新婦を拍手で迎える。
□㊴ 立った拍子に水をこぼした。
□㊵ 漁船が港に停泊する。

□㊶ 家に友達を泊める。

漢字に親しもう6

□㊷ 米を収穫する。
□㊸ 細々と商いを続ける。
□㊹ 大会の継続に支障を来す。
□㊺ バッグを手に提げる。
□㊻ 法廷で争う。
□㊼ 貨幣が流通する。
□㊽ 役員を更迭する。
□㊾ 更に大きく成長する。
□㊿ 胸に勲章をつける。
□(51) 虚偽の情報に踊《おど》らされる。
□(52) 彼は年齢を偽っていた。
□(53) 琴線に触れる言葉。
□(54) 琴の音色に聞き入る。
□(55) 成功の太鼓判を押す。
□(56) 読書のために寸暇を惜しむ。
□(57) 惜別の時を迎える。
□(58) 受験勉強に腰を据える。
□(59) 働いて額に汗する。
□(60) 発汗後に水分を補う。

㊶	㊷	㊸	㊹	㊺	㊻	㊼	㊽	㊾	㊿	(51)	(52)	(53)	(54)	(55)	(56)	(57)	(58)	(59)	(60)

2 次の（　）に当てはまる漢字を下から選び、書き入れなさい。

言葉3

□① 言葉の順序を入れ（　　）える。　【替・変】

漢字3

□② 先生が生徒を説（　　）する。　【愉・諭】

3 次の——線の漢字のうち、読み方の違うものを選び、記号で答えなさい。

漢字に親しもう5

□① ア 茶色　イ 喫茶　ウ 紅茶　（　）

言葉3

□② ア 対談　イ 対句　ウ 敵対　（　）

漢字3

□③ ア 幾何　イ 何点　ウ 何個　（　）

4 次の漢字に共通する音を、それぞれ片仮名で書きなさい。

漢字3

□① 【諭・喩・輸】（　　）
□② 【胞・砲・抱】（　　）
□③ 【苛・荷・河】（　　）
□④ 【販・版・飯】（　　）

確認ドリル 2

⑧ 自分を見つめる

解答 112ページ

学習日 ／ ／

1 次の片仮名を漢字で書きなさい。

随筆二編

① 兄はキオク力がいい。
② 海外にトウボウする。
③ アコガれの職業に就く。
④ ノキサキに看板をつるす。
⑤ ウめ立て地に公園ができる。
⑥ テンジョウ裏に入る。
⑦ ほのかに梅の花がニオう。
⑧ 大統領にズイコウする。
⑨ 危《あや》うく難をノガれた。
⑩ 塩分のノウドを調べる。
⑪ つりカワをつかむ。
⑫ 原油のマイゾウ量が多い国。
⑬ 気圧の影響が色コく出る。
⑭ 捕《つか》まえたちょうをニがす。
⑮ ケツマク炎《えん》になる。
⑯ 雄大《ゆうだい》な山々をショウ憬《けい》する。
⑰ イッケンヤに住む。

言葉3

⑱ ツイク法について学ぶ。
⑲ ヨウホウ業を営む父。
⑳ ギオン語を多用する。
㉑ ダイタイ案を考える。
㉒ 建物にキ裂《れつ》が入り危険だ。
㉓ 美しいインリツをもつ詩。
㉔ 蜜《みつ》バチが花粉を運ぶ。
㉕ 新社長にカわった。
㉖ つるとカメは縁起がよい。

漢字3

㉗ 親が我《わ》が子をサトす。
㉘ 山下《やました》ガハクの個展に行く。
㉙ とんとんビョウシに進む。
㉚ 山でイノシシをカる。
㉛ 温泉旅館にトまる。
㉜ シハンの頭痛薬を飲む。
㉝ キカガクに興味をもつ。
㉞ カレツな競争を生き残る。
㉟ 中学校のキョウユになる。
㊱ 券売機でキップを買う。
㊲ シュ猟民《りょうみん》の生活を調べる。
㊳ 温暖化にハクシャをかける。
㊴ 機械のハサキがすり減る。
㊵ トウゲミチをゆっくり下る。

□㊶ シュクハク行事に参加する。

漢字に親しもう6

□㊷ カメラを首からサげる。
□㊸ 軽快なモッキンの音。
□㊹ ハッカン作用のある食品。
□㊺ メロンのシュウカク時期。
□㊻ 裁判所にシュッテイする。
□㊼ 一点差でセキハイした。
□㊽ 責任者をコウテツする。
□㊾ クンショウを授与する。
□㊿ 度胸がスわった人。
□51 シンギのほどを確かめる。
□52 小間物のアキナいを始める。
□53 祭囃子《まつりばやし》のタイコの音。
□54 コトの演奏にいやされる。
□55 シヘイが発行される。
□56 オしくも準優勝に終わった。
□57 キタる五日は運動会だ。
□58 身分をイツワって申告する。
□59 建物跡をサラチにする。
□60 弱い者がキョセイを張る。
□61 運動してアセをかいた。

2 次の成り立ちに当てはまる漢字を後から選び、書き入れなさい。

漢字3

□① 象形 → □・□
□② 指事 → □・□
□③ 会意 → □・□
□④ 形声 → □・□

下　刀　明　本　故　販　鳴　鳥

3 次の中から二つの文字を組み合わせて、漢字を四つ作りなさい。ただし各文字は一回ずつ用い、必要に応じて形を変えなさい。

漢字3

火　口　子　岡
系　金　田　鳥

4 次の――線の片仮名を漢字で書きなさい。

随筆二編

□① (1) トウソウ犯を追う。
(2) 責任をノガれる。

漢字に親しもう6

□② (1) テッキンを弾く。
(2) コトの優雅な音色。

□③ (1) セキベツの情を抱く。
(2) 努力をオしまない。

基本ドリル 3

文法・漢字・振り返り／学習を広げる

解答 112ページ

学習日 ／ ／

1 ——線の漢字の読み方を書きなさい。

文法1

□① 夏風邪で喉《のど》が痛い。

手紙の書き方

□② 今年は梅雨明けが遅い。

□③ 家族で紅葉狩りに行く。

坊《ぼ》っちゃん

□④ 弟と相撲をとる。

□⑤ 白い足袋を履《は》く。

□⑥ 明日の仕事に差し支える。

□⑦ 土産を持って帰省する。

①（　　）
②（　　）③（　　）
④（　　）⑤（　　）
⑥（　　）⑦（　　）

2 次の語句の類義語を後から選び、漢字で書きなさい。

坊っちゃん

□① 親類＝（　　）　□② 残念＝（　　）

□③ 珍重《ちんちょう》＝（　　）　□④ 決心＝（　　）

□⑤ 異議＝（　　）

むねん　けつい　しんせき　いろん　ちょうほう

3 次の——線の言葉の意味を後から選び、記号で答えなさい。

坊っちゃん

□① 一人で海外へ行くなんて無鉄砲《てっぽう》だ。（　　）

□② 久しぶりにできた自由な時間を持て余す。（　　）

□③ 父から了見《りょうけん》がせまいと指摘された。（　　）

□④ 人の失敗をふいちょうするのはよくない。（　　）

□⑤ こんな結果になるとは毛頭思わなかった。（　　）

ア 気持ち。考え方。

イ 誰《だれ》にでも大げさに言い広めること。

ウ どうしてよいか始末に困る。

エ 少しも。全然。

オ 深く考えないで、物事をむやみにする様子。

4 次の（　）に当てはまる語句を後から選び、書き入れなさい。

坊っちゃん

□① 問題は（　　）解けずじまいになった。

□② 祖母の優《やさ》しい笑顔を（　　）思い出す。

ぐいぐい　のそのそ　おりおり　とうとう

確認ドリル 3

文法・漢字・振り返り／学習を広げる

解答 112ページ

学習日　／　／

1 次の片仮名を漢字で書きなさい。

文法1

□① カゼを引いて学校を休む。

手紙の書き方

□② モミジ狩りの季節を迎える。

□③ ツユの時期に咲くあじさい。

坊っちゃん

□④ 駅でおミヤゲを買う。

□⑤ テレビでスモウを見る。

□⑥ 学業に差しツカえない。

□⑦ 着物とタビを用意する。

① ［　　］　② ［　　］　③ ［　　］　④ ［　　］　⑤ ［　　］　⑥ ［　　］　⑦ ［　　］

2 次の（　）に当てはまる語句を後から選び、書き入れなさい。

坊っちゃん

□① 日曜日に学校へ行く気は（　　　　）ない。

□② 友のわがままに（　　　　）をつかす。

□③ 初めて行った家で（　　　　）をする。

気がね　愛想《あいそ》　毛頭

3 次の□に漢字を入れて、〈　〉の意味の四字熟語を作りなさい。

坊っちゃん

□① 立□出世　〈成功して高い地位につき、有名になること。〉

□② 二□三文　〈非常に安い値段にしかならないこと。〉

4 次の各文の中から、使い方の誤っている漢字を抜き出して上の（　）に書き、正しい漢字を下の（　）に書きなさい。

坊っちゃん

□① 家庭裁園で育てたトマト。（　　）→（　　）

□② 伯子をとって足を鳴らす。（　　）→（　　）

□③ 親考行だと評判の息子。（　　）→（　　）

□④ 妹が張面に似顔絵を描く。（　　）→（　　）

□⑤ 最後までやり抜くと覚語する。（　　）→（　　）

□⑥ 彼の立派な考え方に関心する。（　　）→（　　）

□⑦ 面働な作業を先に終わらせる。（　　）→（　　）

光村図書版　国語準拠

漢字・語句のガイド

解答編　1年

1 学びをひらく

基本ドリル 1　10～11ページ

1
①おどろ　②きょうい　③ぼく　④きら
⑤けんぎ　⑥きげん　⑦いや　⑧ぎゅうどん
⑨どんぶりめし　⑩くつした　⑪ちが
⑫いはん　⑬ふ　⑭さんしん　⑮おこ（いか）
⑯げきど　⑰いか　⑱なぐ　⑲くや　⑳かい
㉑く　㉒だま　㉓あんもく　㉔はな　㉕りりく
㉖こわ　㉗ふ　㉘あやま　㉙えがお　㉚ひかく
㉛とら　㉜そく　㉝あま　㉞かんじゅ　㉟ぼう
㊱ぼっ　㊲るいじてん　㊳いす　㊴ふせん
㊵いた　㊶けんさく　㊷とくちょう

2
（例）①兄ならわかってくれるにちがいない。
②けんかした友人に会うのは気まずい。
③妹は以前にもましてたくましくなった。

3
①改・悔　②痛・傷　③策・索　④兆・徴
⑤防・坊

4
①キ　②ウ　③オ　④カ　⑤イ　⑥ア　⑦エ

5
①観点　②共通　③効率

確認ドリル 1　12～13ページ

1
①長靴　②嫌　③怒　④怖　⑤悔　⑥黙
⑦不振　⑧離　⑨振　⑩怒号　⑪悔　⑫嫌
⑬違和感　⑭怖　⑮後悔　⑯違　⑰驚　⑱殴
⑲僕　⑳牛丼　㉑怒　㉒嫌疑　㉓黙読
㉔機嫌　㉕驚喜　㉖謝　㉗丼　㉘別離
㉙笑顔　㉚比較　㉛捉　㉜類似　㉝椅子　㉞坊
㉟傷　㊱模索　㊲甘　㊳付箋〈箋〉　㊴徴収
㊵坊　㊶甘言　㊷捉

2
①離　②振　③謝

3
①同時　②全然　③必死　④構成　⑤特徴
⑥検索

4
①体・対　②遺・違　③努・怒
④線・箋〈箋〉　⑤復・複

5
①卒業　②間接　③得意　④集合　⑤手段
⑥周辺

基本ドリル 2　14～15ページ

1
①ひろう　②つか　③あくへき　④くせ
⑤えっとう　⑥こ　⑦ちょうか　⑧こ
⑨あつか　⑩れっとうかん　⑪おと
⑫じんぞう　⑬きそ　⑭うった　⑮がんこ
⑯はへん　⑰えりもと　⑱てぶくろ　⑲おせん
⑳よご　㉑きたな　㉒あんたい
㉓きょうじゅん　㉔くのう　㉕なや
㉖けんめい　㉗か　㉘みょうじょう
㉙じょうしょう　㉚のぼ　㉛けっさく
㉜すみ　㉝がくふ　㉞すいぼくが　㉟すみ
㊱なご　㊲けいこ　㊳つど　㊴どうよう
㊵やわ　㊶もっぱ　㊷とうげい
㊸ねんざ　㊹だぼく　㊺きょひ　㊻こば
㊼いっかつ　㊽いじ　㊾いど　㊿ぼうせき

2
①キ　②エ　③ケ　④ウ　⑤ク　⑥ア　⑦カ
⑧イ　⑨オ

3
①劣　②越

4 ①(1)けっぺき (2)くちぐせ ②(1)おすい
(2)よご (3)きたな ③(1)だんぺん (2)かたがわ
④(1)ほしぞら (2)みょうじょう (3)りゅうせい
⑤(1)そくたつ (2)すみ ⑥(1)せんもん
(2)もっぱ ⑦(1)きょぜつ (2)こば

確認ドリル2 16～17ページ

1 ①汚 ②苦悩 ③昇 ④頑固 ⑤劣 ⑥昇格
⑦疲労 ⑧懸案 ⑨明星 ⑩懸 ⑪告訴
⑫悪癖 ⑬破片 ⑭超 ⑮腎臓 ⑯悩 ⑰泰然
⑱訴 ⑲優越 ⑳染色 ㉑汚 ㉒襟 ㉓扱
㉔汚点 ㉕劣悪 ㉖袋 ㉗越 ㉘恭賀
㉙癖 ㉚疲 ㉛超過 ㉜和 ㉝拒否
㉞童謡 ㉟紡績 ㊱陶器 ㊲楽譜 ㊳稽古
㊴集 ㊵専 ㊶速 ㊷総括 ㊸和 ㊹打撲
㊺水墨画 ㊻経緯 ㊼捻出 ㊽拒 ㊾維新
㊿墨 51傑出 52挫折

2 ①ごんべん ②たけかんむり
③れんが（れっか） ④おおがい

3 ①まだれ ②こころ ③くにがまえ

4 ①恭順・エ ②劣等感・イ ③告訴・ア
④傑作・ウ ⑤一括・カ ⑥維持・オ

2 新しい視点で情報社会を生きる

基本ドリル1 24～25ページ

1 ①くき ②きゅうけい ③ふたば
④そうがんきょう ⑤の ⑥しんしゅく
⑦じく ⑧あと ⑨しせき ⑩から ⑪しんく
⑫ちえ ⑬おんけい ⑭めぐ ⑮さいぼう
⑯はかい ⑰こわ ⑱おさ ⑲よくあつ
⑳みりょく ㉑してき ㉒つ ㉓う
㉔ふじょう ㉕かげえ ㉖きんえい ㉗か
㉘かくう ㉙めずら ㉚ちんみ ㉛おく
㉜あご ㉝がくかんせつ ㉞けしょうだい
㉟すわ ㊱しゅうれい ㊲ろしゅつ ㊳ろう
㊴よつゆ ㊵あらあら ㊶こうてん ㊷あ
㊸しば ㊹ばく ㊺ため ㊻きょり

2 ①伸 ②器官

3 （例）①母は甘いものが好きだ。いっぽう父は
ほとんど食べない。
②雨はいずれ上がるだろう。
③この事件は、ほんの一例にすぎない。
④寒くなって、起きるのがおそくなりがちだ。

4 ①カ ②ウ ③ク ④ケ ⑤オ ⑥ア ⑦コ
⑧イ ⑨エ ⑩キ

確認ドリル1 26～27ページ

1 ①辛 ②抑 ③双方 ④恩恵 ⑤地下茎
⑥伸縮 ⑦中軸 ⑧魅力 ⑨旧跡 ⑩双子
⑪伸 ⑫壊 ⑬胞子 ⑭茎 ⑮知恵 ⑯破壊
⑰抑 ⑱辛酸 ⑲跡 ⑳恵 ㉑珍 ㉒試
㉓浮 ㉔山奥 ㉕人影 ㉖架空 ㉗顎
㉘荒天 ㉙摘出 ㉚珍客 ㉛縛 ㉜荒
㉝露骨 ㉞化粧品 ㉟顎 ㊱茶摘 ㊲麗句
㊳長距離 ㊴露 ㊵浮上 ㊶架 ㊷座
㊸投影 ㊹束縛 ㊺優秀 ㊻朝露 ㊼荒

2 ①曲線 ②甘い ③複雑 ④易しい（たやすい）

3 ①解・壊 ②給・吸 ③敵・摘 ④織・識

4 ①疑問 ②役割 ③発揮 ④経験 ⑤印象
⑥背景

5 ①音 ②訓 ③訓 ④音 ⑤訓 ⑥音 ⑦音

基本ドリル2 28～29ページ

1 ①こんきょ ②しょうこ ③もと ④こ
⑤しんらい ⑥たの ⑦たよ ⑧かくにん
⑨きそ ⑩けんない ⑪きそ ⑫にるいしゅ
⑬おおわざ ⑭かっさい ⑮ほうがん ⑯さ
⑰きゅうどう ⑱しんぱん ⑲さんれんぱ
⑳かいひん ㉑はまべ ㉒ひってき
㉓さんびき ㉔そうしつ ㉕もちゅう
㉖さくさん ㉗くろず ㉘きゅうし
㉙いしうす ㉚かいきん ㉛みなさま
㉜こうたく ㉝さわのぼ ㉞しぼ ㉟し
㊱せいきゅう ㊲う ㊳てつがく
㊴かしらもじ ㊵ほ ㊶すいとう ㊷し
㊸どくせん ㊹うらな ㊺かたかな
㊻せつじょく ㊼ぬ ㊽ばつぐん
㊾ちょうこく ㊿ほ 51じゅんしゅ

2 ①(1)拠 (2)拒 ②(1)砲 (2)包 ③(1)請 (2)清

3 ①おおがい ②ごんべん ③りっとう

4 ①(1)きょうぎ (2)きそ ②(1)そうしつ (2)も
③(1)かいむ (2)みな
④(1)せんりょう (2)うらな (3)し

⑤⑴せんばつ　⑵ぬ

確認ドリル 2　30～31ページ

1 ①頼　②本拠　③込　④基　⑤確認　⑥頼
⑦証拠　⑧頼　⑨基礎　⑩審判　⑪技　⑫喪失
⑬競　⑭一喝　⑮浜辺　⑯圏内　⑰沢　⑱塁
⑲砲丸　⑳皆　㉑酢酸　㉒沢　㉓匹　㉔連覇
㉕喪中　㉖脱臼　㉗酢　㉘海浜　㉙石臼
㉚皆目　㉛弓道　㉜匹敵　㉝割　㉞采配
㉟占　㊱哲学　㊲雪辱　㊳絞　㊴請
㊵彫刻　㊶申請　㊷独占　㊸抜　㊹絞
㊺出納　㊻欲　㊼遵法（順法）　㊽平仮名
㊾頭　㊿彫　(51)選抜　(52)占

2 ①客観　②省略　③喝破　④割合

3 （例）①実験結果に基づいたデータを信じる。
②対戦相手に技をかける。
③友人と成績を競う。
④欲しかったCDを買う。

4 ①覇　②砲

3 言葉に立ち止まる 読書生活を豊かに

基本ドリル 1　38～39ページ

1 ①ふつう　②すみ　③いちぐう　④わた
⑤とこう　⑥こ　⑦さばく　⑧さ　⑨もど
⑩ひゆ　⑪ゆ　⑫どうよう　⑬ほ　⑭はんせん
⑮ことがら　⑯え　⑰しゅんじ　⑱えが
⑲びょうしゃ　⑳てが　㉑あた　㉒かんよ
㉓つ　㉔じんりょく　㉕かみなり
㉖らいめい　㉗ひび　㉘えいきょうりょく
㉙げきれつ　㉚はくりょく　㉛せま
㉜きんちょう　㉝かがや　㉞きせき
㉟めいしょう　㊱ばっさい　㊲へいれつ
㊳るいか　㊴とびら　㊵かぎ　㊶けん
㊷か　㊸がかり　㊹せんたく　㊺れんらく
㊻じこう　㊼たくわ　㊽ちょちく
㊾しょうかい　㊿すず　(51)せいりょう
(52)あずき　(53)す　(54)とうめい　(55)やわ
(56)じゅうどう　(57)にゅうわ　(58)しゅうしょく
(59)かざ　(60)くふう　(61)ふく　(62)がんゆう
(63)と　(64)ようえき　(65)きわ　(66)ほど

2 （例）問題解決のために手を尽くす。

3 ①応　②然　③不　④浅　⑤直

4 ①イ　②ア　③ア　④ア

確認ドリル 1　40～41ページ

1 ①渡　②砂漠　③咲　④普通　⑤一隅
⑥円弧　⑦戻　⑧隅　⑨渡来　⑩雷　⑪帆
⑫動揺　⑬熱烈　⑭迫　⑮柄　⑯与　⑰描
⑱比喩〈喩〉　⑲緊急　⑳響　㉑一瞬　㉒寄与
㉓光輝　㉔尽　㉕描　㉖帆走　㉗雷雨
㉘反響　㉙手柄　㉚気迫　㉛揺　㉜描写
㉝輝　㉞尽力　㉟並列　㊱鍵　㊲掛　㊳扉
㊴敬称　㊵選択　㊶鍵　㊷事項　㊸掛
㊹討伐　㊺連絡　㊻累積　㊼飾　㊽柔
㊾溶解　㊿介護　(51)柔和　(52)透明　(53)蓄
(54)小豆　(55)程　(56)涼　(57)紹介　(58)装飾
(59)工夫　(60)透　(61)蓄積　(62)含　(63)極
(64)溶　(65)納涼　(66)包含　(67)柔道

2 ①要　②沢

3 ①名・命　②照・称　③招・紹　④相・想

4 ①隅　②渡

基本ドリル 2　42ページ

1 ①はば　②ふくいん　③のぞ　④かれ
⑤ひがん　⑥かのじょ　⑦ぬ　⑧だつじ
⑨うで　⑩わんりょく　⑪きおく　⑫す
⑬いっせい　⑭まじょ　⑮かみ　⑯さんぱつ
⑰おごそ　⑱どう　⑲は　⑳りれき
㉑かくしん　㉒はさ　㉓うえきばち　㉔たな
㉕す　㉖さっかしょう　㉗ひま　㉘きゅうか
㉙こもん　㉚かえり　㉛みが　㉜けんま

2 ①ウ　②イ

確認ドリル 2　43ページ

1 ①全幅　②幅　③脱　④一斉　⑤彼女　⑥臨
⑦彼岸　⑧腕　⑨澄　⑩気後　⑪手腕　⑫彼
⑬着脱　⑭魔法　⑮履　⑯胴　⑰厳　⑱核
⑲鉢　⑳散髪　㉑履修　㉒棚　㉓髪　㉔挟
㉕擦過傷　㉖磨　㉗暇　㉘顧　㉙擦
㉚研磨　㉛休暇　㉜顧問

2 ①核心　②長年

4 心の動き

基本ドリル 1 52〜53ページ

1 ①くうしゅう ②おそ ③ばくだん ④ひ
⑤はず ⑥たま ⑦ほ ⑧さいくつ ⑨うす
⑩はくじょう ⑪かん ⑫かし ⑬ぬす
⑭とうさく ⑮そかい ⑯よんさい ⑰せい
⑱しんせき ⑲いなか ⑳けいりゅう
㉑もも ㉒とうげんきょう ㉓おお
㉔ふくめん ㉕こうかん ㉖か
㉗となりむら（りんそん） ㉘りんじん
㉙とな ㉚かわ ㉛かんでんち ㉜えんりょ
㉝ばくげき ㉞う ㉟すぎいた ㊱けず
㊲さくげん ㊳かん ㊴お ㊵おれ ㊶じゅく
㊷せんぱい ㊸ろうか ㊹なが ㊺ちょうぼう
㊻ちょうせん ㊼いど ㊽こうすい ㊾さそ
㊿ゆうどう 51そむ 52そうぞう 53おおさわ
54くちびる 55か 56くじょ 57ひんけつ
58おそ 59ちこく 60おく

2 （例）①兄の力にはとうていかなわない。
②外国人に道を聞かれてとまどう。

3 ①みとる ②はらう ③かかる ④あせる
⑤にぎる

4 ①掘 ②初 ③菓 ④熱

確認ドリル 1 54〜55ページ

1 ①弾 ②発掘 ③缶 ④換 ⑤薄弱 ⑥考慮
⑦疎開 ⑧盗 ⑨転覆 ⑩歳 ⑪杉林 ⑫渓流
⑬桃色 ⑭襲来 ⑮削 ⑯隣 ⑰弾 ⑱菓子
⑲乾 ⑳親戚 ㉑掘 ㉒田舎 ㉓爆発
㉔納棺 ㉕薄 ㉖交換 ㉗盗難 ㉘覆
㉙白桃 ㉚襲 ㉛乾季 ㉜弾 ㉝目撃
㉞撃 ㉟歳 ㊱隣接 ㊲弾力 ㊳隣
㊴削除 ㊵唇 ㊶挑発 ㊷駆除 ㊸貧血
㊹画廊 ㊺遅 ㊻眺望 ㊼騒然 ㊽駆
㊾大騒 ㊿遅 51誘導 52背 53俺 54挑
55香水 56塾 57遅延 58輩出 59眺
60押 61誘

2 ①和 ②康 ③苦 ④捨

3 ①祖・疎 ②復・覆 ③済・澄 ④行・好
⑤会・解 ⑥指・差

4 ①特 ②換

基本ドリル 2 56〜57ページ

1 ①たましい ②しょうこん ③さぐ ④にく
⑤あいぞう ⑥ひかげ ⑦かげ ⑧いんき
⑨ふ ⑩ぬぐ ⑪なみだ ⑫らくるい ⑬か
⑭だいじょうぶ ⑮たけ ⑯そうじ ⑰は
⑱やっかい ⑲ぼうし ⑳かか ㉑ほうふ
㉒だ ㉓いだ（だ） ㉔ここち ㉕ねこ
㉖そく ㉗たが ㉘こうご ㉙ふきゅう
㉚およ ㉛えんかつ ㉜こっけい ㉝すべ
㉞なめ ㉟しめ ㊱しっけ ㊲せんさい
㊳いきづか ㊴はけん ㊵つ ㊶けいぞく
㊷いく ㊸き ㊹うむ ㊺どしゃ
㊻せいか ㊼げし ㊽しゅしょう ㊾ちき
㊿かいどう 51ごうきゅう 52しんこく
53しょもう 54ぎこう 55たく 56しゃだん
57さえぎ 58きかく 59くわだ

2 ①ア ②イ ③イ ④ア

3 ①八 ②首

4 ①(1)かん (2)けん ②(1)りょく (2)りき
③(1)ゆう (2)う ④(1)そう (2)しょう
⑤(1)しん (2)もう ⑥(1)もう (2)のぞ
⑦(1)しゃ (2)さえぎ

確認ドリル 2 58〜59ページ

1 ①涙 ②抱負 ③掃除 ④刈 ⑤抱 ⑥陰
⑦入魂 ⑧探 ⑨抱 ⑩拭 ⑪陰気 ⑫感涙
⑬憎 ⑭厄年 ⑮背丈 ⑯掃 ⑰魂 ⑱抱
⑲帽 ⑳丈夫 ㉑陰 ㉒愛憎 ㉓拭 ㉔心地
㉕継 ㉖滑 ㉗及 ㉘即 ㉙追及 ㉚互角
㉛湿 ㉜遣 ㉝滑稽 ㉞中継 ㉟多湿
㊱子（小）猫 ㊲繊細 ㊳滑 ㊴派遣
㊵互 ㊶滑空 ㊷有無 ㊸幾 ㊹遮 ㊺企
㊻知己 ㊼精巧 ㊽号泣 ㊾盛夏 ㊿幾分
51街道 52夏至 53所望 54土砂 55巧
56遮断 57首相 58企業 59申告

2 ①抱 ②及

3 ①滑 ②間 ③外 ④全

4 ①ねんげつ・としつき ②けんぶつ・みもの
③ぶんべつ・ふんべつ ④しきし・いろがみ
⑤たいせい・おおぜい ⑥にんき・ひとけ

5 筋道を立てて

基本ドリル1 66～67ページ

1 ①ころ ②ほお ③はんしょくき ④ふ
⑤えさ ⑥えづ ⑦いかく ⑧ぶんせき
⑨けいかい ⑩いまし ⑪じょうきょう ⑫ま
⑬ぶたい ⑭まい ⑮くわ ⑯しょうさい
⑰はら ⑱だれ ⑲かいしゃく ⑳きょうい
㉑おど ㉒かくとく ㉓えもの ㉔みりょう
㉕さか ㉖ふ ㉗ざっとう ㉘かくり
㉙へだ ㉚かんきょう ㉛ぐうぜん ㉜かく
㉝いんきょ ㉞たび ㉟なえ ㊱なわ
㊲しゅっか ㊳けいだい ㊴じゅれい
㊵え ㊶ちょうこう ㊷さち ㊸さいきん
㊹にじ ㊺なっとう ㊻はっこう ㊼ひろう
㊽まさつ ㊾かんげん ㊿こうさ
(51)こうてい (52)そうにゅう (53)さ
(54)ばいしん (55)ばいたい (56)ちゅうかい
(57)ちゅうしゃ (58)しっぽ (59)けむり
(60)けむ (61)ふんえん (62)ふ (63)おか
(64)さきゅう

2 ①寒 ②否

3 ①カ ②ウ ③イ ④オ ⑤エ ⑥ア

4 ①偶 ②混 ③彼 ④還 ⑤駐

確認ドリル1 68～69ページ

1 ①頻〈頻〉 ②獲物 ③舞 ④殖 ⑤魅了
⑥盛 ⑦威嚇 ⑧繁栄 ⑨戒律 ⑩詳細 ⑪誰
⑫餌 ⑬養殖 ⑭分析 ⑮舞 ⑯獲得 ⑰払
⑱状況 ⑲詳 ⑳脅迫 ㉑頃 ㉒釈然 ㉓脅
㉔餌付 ㉕威圧 ㉖舞台 ㉗戒 ㉘隠 ㉙遠隔
㉚踏 ㉛環境 ㉜隠居 ㉝配偶者 ㉞踏破
㉟隔 ㊱挿 ㊲江 ㊳納豆 ㊴出荷
㊵披露 ㊶殺菌 ㊷苗 ㊸度 ㊹境内
㊺駐車 ㊻虹 ㊼摩天 ㊽発酵 ㊾年齢
㊿仲介 (51)苗 (52)黄砂 (53)返還 (54)挿入
(55)幸 (56)江 (57)溶媒 (58)肯定 (59)陪席
(60)丘 (61)発煙 (62)噴水 (63)煙 (64)尻尾
(65)丘 (66)噴 (67)煙

2 接近・豊富・分析・定義・検証・進化

3 ①付・布 ②摘・敵 ③摩・磨 ④挿・掃
⑤義・議

6 いにしえの心にふれる

基本ドリル1 74～75ページ

1 ①つつ ②すいとう ③ぼうとう ④おか
⑤さず ⑥かご ⑦こ ⑧むすめ ⑨ひめ
⑩けっこん ⑪あきら ⑫ていかん ⑬おとず
⑭おそ ⑮きょうふ ⑯たず ⑰じんじょう
⑱しゃめん ⑲なな ⑳すそ ㉑うば
㉒だっかい ㉓むか ㉔そうげい ㉕め
㉖しょうしゅう ㉗そ ㉘てんさく ㉙おく
㉚ぞう ㉛きそう（きぞう） ㉜ふみ
㉝うけたまわ ㉞めい ㉟むじゅん
㊱ほこさき ㊲だて ㊳だそく ㊴じゃぐち
㊵へび ㊶かた ㊷けんご

2 ①架 ②険 ③策

3 (例)①エベレスト登頂に挑む。
②かねて(から／より)希望していた職についた。
③この一文は蛇足だから消そう。

4 ①イ ②ア

5 ①コ ②オ ③ア ④キ ⑤ウ ⑥エ ⑦カ
⑧ク ⑨サ ⑩ケ ⑪イ

確認ドリル1 76～77ページ

1 ①贈 ②娘 ③送迎 ④尋問 ⑤斜線 ⑥冒
⑦籠 ⑧奪 ⑨水筒 ⑩婚約 ⑪召集 ⑫諦観
⑬訪 ⑭恐 ⑮承 ⑯尋 ⑰籠 ⑱文 ⑲贈
⑳裾 ㉑諦 ㉒奪取 ㉓冒険 ㉔恐縮
㉕召 ㉖添 ㉗筒 ㉘出迎 ㉙斜 ㉚授
㉛寄贈 ㉜姫 ㉝添加 ㉞堅 ㉟矛盾
㊱長蛇 ㊲盾 ㊳堅実 ㊴大蛇 ㊵感銘
㊶矛先 ㊷蛇

2 ①授かる ②よそおう ③応じる ④命じる
⑤息づく

3 ①(1)至難 (2)至 ②(1)知恵 (2)恵
③(1)添付 (2)添 ④(1)贈答 (2)贈

4 ①恩賞 ②取得 ③難問 ④生活 ⑤非力
⑥計略

5 ①尋 ②昇 ③召 ④冒 ⑤銘

7 価値を見いだす 読書に親しむ

基本ドリル1 82〜83ページ

1 ①い ②いっぱん ③とちゅう ④しせつ ⑤ほどこ ⑥く ⑦うなが ⑧そくせい ⑨と ⑩すいこう ⑪もと ⑫しえん ⑬めんどう ⑭たお ⑮げんえき ⑯いそが ⑰たぼう ⑱ざんしん ⑲き ⑳つ ㉑きがん ㉒いの ㉓おうせい ㉔すなお ㉕かんよう ㉖きも ㉗かんぺき ㉘じんぐう ㉙かせ ㉚かわ ㉛とどこお ㉜ていたい ㉝わ ㉞ふっ ㉟おとろ ㊱すいたい ㊲もう ㊳しぼ ㊴さ ㊵しげき ㊶ふ ㊷しょっかく ㊸てざわ ㊹しんけん ㊺つるぎ ㊻じまん ㊼とくしゅ ㊽こと ㊾つばさ ㊿しゅよく

2 (例)①自分に合った学習方法を追求する。
②インターネットは世界中に普及している。

3 ①イ ②ウ

4 ①単純 ②手動 ③具体的 ④消費 ⑤垂直 ⑥原因

5 ①カ ②エ ③キ ④ア ⑤ク ⑥イ ⑦オ ⑧ウ

確認ドリル1 84〜85ページ

1 ①遂 ②実施 ③途中 ④倒 ⑤促進 ⑥繰 ⑦支援 ⑧要 ⑨全般 ⑩完遂 ⑪下 ⑫施 ⑬圧倒 ⑭促 ⑮多忙 ⑯稼 ⑰沸点 ⑱名刺 ⑲衰 ⑳祈念 ㉑搾 ㉒斬新 ㉓祈 ㉔素直 ㉕就 ㉖肝 ㉗完璧 ㉘参宮 ㉙忙 ㉚渇 ㉛旺盛 ㉜滞在 ㉝沸 ㉞現役 ㉟斬 ㊱衰弱 ㊲詣 ㊳滞 ㊴刺 ㊵肝臓 ㊶接触 ㊷触 ㊸触 ㊹翼 ㊺剣 ㊻殊 ㊼慢性 ㊽翼 ㊾剣道 ㊿特殊

2 ①あふれる ②生じる ③防ぐ ④挙げる ⑤見過ごす

3 ①使・施 ②捉・促 ③防・忙 ④壁・壁 ⑤検・剣 ⑥満・慢

4 ①援 ②倒

8 自分を見つめる

基本ドリル1 96〜97ページ

1 ①しょさい ②こしか ③ふちど ④えん ⑤やみ ⑥と ⑦みょう ⑧ふゆかい ⑨びしょう ⑩は ⑪むち ⑫はじ ⑬かんだか ⑭こうちゅう ⑮ゆうぎ ⑯とう ⑰あみ ⑱こうつうもう ⑲ぶ ⑳きふく ㉑はんてん ㉒びん ㉓せん ㉔むすこ ㉕もはん ㉖ねた ㉗と ㉘けっかん ㉙おちい ㉚こうげき ㉛せ ㉜てい ㉝うらや ㉞ゆうが ㉟おか ㊱さと ㊲かくご ㊳ふる ㊴しんさい ㊵つくろ ㊶しゅうぜん ㊷いっさい ㊸ばつ ㊹ばち ㊺たんねん ㊻いぜん ㊼けいべつ ㊽さげす ㊾のどぶえ ㊿こうとう (51)ののし (52)ばせい (53)つぐな (54)むしょう (55)さいばし (56)うつわ (57)きっさてん (58)まっちゃ (59)かま (60)う (61)とうふ (62)くさ (63)しぼう (64)あぶら (65)ねんしょう (66)ぜんれい (67)へんげん (68)まぼろし (69)しゅび (70)おね (71)きそう (72)さくご (73)だいたん (74)いっかん (75)つらぬ

2 (例)①姉のやさしい思いやりが身にしみる。
②買い物に出かけたが、欲しい商品はあいにく売り切れだった。
③彼はおそらく駅に向かったと思われる。

3 ①普通 ②美徳 ③無名 ④親切

確認ドリル1 98〜99ページ

1 ①栓 ②攻撃 ③繕 ④妙案 ⑤一切 ⑥網戸 ⑦縁側 ⑧震 ⑨罰 ⑩妬 ⑪弁償 ⑫書斎 ⑬軽蔑 ⑭悟 ⑮恥 ⑯陥落 ⑰甲板 ⑱一網 ⑲伏 ⑳塔 ㉑閉 ㉒斑点 ㉓喉 ㉔妬 ㉕恥 ㉖戯曲 ㉗模範 ㉘地震 ㉙愉快 ㉚攻 ㉛陥 ㉜羨 ㉝雅楽 ㉞犯 ㉟無恥 ㊱覚悟 ㊲腰 ㊳進呈 ㊴暗闇 ㊵修繕 ㊶罵倒 ㊷罰金 ㊸微笑 ㊹丹精 ㊺依存 ㊻甲 ㊼息子 ㊽額縁 ㊾喉 ㊿罵 (51)起伏 (52)償 (53)瓶 (54)蔑 (55)脂 (56)貫通 (57)尾 (58)器 (59)燃焼 (60)熟 (61)奇数 (62)腐 (63)脂肪 (64)菜箸〈箸〉 (65)喫茶 (66)窯 (67)幻覚 (68)貫 (69)語尾 (70)全霊 (71)油脂 (72)錯覚 (73)大胆 (74)一抹 (75)満喫 (76)幻 (77)豆腐

2 ①イ ②ア

3 ①非 ②盾 ③根・葉

基本ドリル2 100〜101ページ

1 ①ずいひつ ②あこが ③しょう ④けん ⑤のきした ⑥う ⑦まいぞう ⑧こ ⑨のうしゅく ⑩きおく ⑪かわ ⑫みのが ⑬とうそう ⑭に ⑮まく ⑯にお ⑰てんじょう ⑱よいん ⑲か ⑳こうたい ㉑ついく ㉒はち ㉓ほうき ㉔ぎじん ㉕かめ ㉖き ㉗おんぷ ㉘とうげ ㉙は ㉚しゅ ㉛が ㉜はんろ ㉝きょうゆ ㉞さと ㉟きか ㊱か ㊲はくちゅう ㊳はくしゅ ㊴ひょうし ㊵ていはく ㊶と ㊷しゅうかく ㊸あきな ㊹きた ㊺さ ㊻ほうてい ㊼かへい ㊽こうてつ ㊾さら ㊿くんしょう (51)きょぎ (52)いつわ (53)きんせん (54)こと (55)たいこばん (56)お (57)せきべつ (58)す (59)あせ (60)はっかん

2 ①替 ②諭

3 ①イ ②イ ③ア

4 ①ユ ②ホウ ③カ ④ハン

確認ドリル2 102〜103ページ

1 ①記憶 ②逃亡 ③憧 ④軒先 ⑤埋 ⑥天井 ⑦匂 ⑧随行 ⑨逃 ⑩濃度 ⑪革 ⑫埋蔵 ⑬濃 ⑭逃 ⑮結膜 ⑯憧 ⑰一軒家 ⑱対句 ⑲養蜂 ⑳擬音 ㉑代替 ㉒亀 ㉓韻律 ㉔蜂 ㉕替 ㉖亀 ㉗諭 ㉘画伯 ㉙拍子 ㉚狩 ㉛泊 ㉜市販 ㉝幾何学 ㉞苛烈 ㉟教諭 ㊱切符 ㊲狩 ㊳拍車 ㊴刃先 ㊵峠道 ㊶宿泊 ㊷提 ㊸木琴 ㊹発汗 ㊺収穫 ㊻出廷 ㊼惜敗 ㊽更迭 ㊾勲章 ㊿据 (51)真偽 (52)商 (53)太鼓 (54)琴 (55)紙幣 (56)惜 (57)来 (58)偽 (59)更地 (60)虚勢 (61)汗

2 ①刀・鳥 ②下・本 ③明・鳴 ④故・販

3 畑・鳴・孫・鋼

4 ①(1)逃走 (2)逃 ②(1)鉄琴 (2)琴 ③(1)惜別 (2)惜

文法・漢字・振り返り 学習を広げる

基本ドリル3 104ページ

1 ①なつかぜ ②つゆ ③もみじ ④すもう ⑤たび ⑥つか ⑦みやげ

2 ①親戚 ②無念 ③重宝 ④決意 ⑤異論

3 ①オ ②ウ ③ア ④イ ⑤エ

4 ①とうとう ②おりおり

確認ドリル3 105ページ

1 ①風邪 ②紅葉 ③梅雨 ④土産 ⑤相撲 ⑥支 ⑦足袋

2 ①毛頭 ②愛想 ③気がね

3 ①身 ②束

4 ①裁・菜 ②伯・拍 ③考・孝 ④張・帳

⑤語・悟 ⑥関・感 ⑦働・倒

6 5 4 3 2
D C B A